W0070653

Uwe Britten

Abgehauen

Wie Deutschlands Straßenkinder leben

PALETTE verlag

Alle Orte und Ereignisse sind so verändert, daß Identifikationen von Personen unmöglich sind.

©1995 PALETTE verlag
Peuntstraße 10 - 96050 Bamberg
Mitglied in der Assoziation linker Verlage (aLiVe)
Alle Rechte vorbehalten
Fotos: © Leon Maresch
Druck: Ebner, Ulm
Gedruckt auf chlorfrei gebleichtem Papier
ISBN 3-928062-11-5

Inhalt

Spurensuche

Mit der S-Bahn komme ich am Bahnhof Zoo an. Ich bin kein Reisender, sondern seit ein paar Tagen dabei, mich hier einzuleben. Für die nächsten Wochen wird der Bahnhof Zoo einer der Orte, an denen ich meine Tage und Nächte verbringe. Ausgerüstet bin ich mit einem Rucksack, einer Dose Bier, einem Schlafsack und einem CS-Gas zur Sicherheit. Obwohl ich eigentlich nicht rauche, habe ich ein Päckchen Tabak mit dabei, das ich anbieten kann, um mit Leuten ins Gespräch zu kommen. Ich bin auf der Suche nach Kindern, deren Leben ich begreifen will. Kinder auf der Straße, abgehauen von zu Hause, untergetaucht im Großstadtdschungel. *Straßenkinder* werden sie genannt.

Woher kommen diese Kinder? Wie leben sie? Warum sind sie abgehauen, und warum ist ausgerechnet Berlin zu ihrer Hauptstadt, zu ihrem »Mekka« geworden? Was sind ihre Wünsche? Wie sehen sie ihre Zukunft? Und schließlich: Warum werden es immer mehr?

Soziale Einrichtungen schätzen die Zahl der dauerhaft oder phasenweise auf der Straße lebenden Minderjährigen in Berlin auf rund 3000. Dabei ist die Stadt lediglich ein Sammelpunkt der ganzen Republik. Von überall kommen die Kinder, aus Niedersachsen und Bayern genauso wie aus Nordrhein-Westfalen und Thüringen, und das, obwohl Straßenkinder inzwischen zum Erscheinungsbild aller großen Städte Deutschlands gehören, ob in Hamburg oder Hannover, Köln oder Bonn, Düsseldorf oder Dortmund, Dresden oder Leipzig, Frankfurt oder Nürnberg, München oder Stuttgart. Über genaue Zahlen verfügt niemand, kann auch niemand verfügen, denn die Dunkelziffer ist viel zu hoch. Die jährlichen Vermißtenzahlen jedenfalls sagen nicht viel aus, denn viele Eltern melden ihre Kinder oft gar nicht vermißt. Die einen aus Angst vor dem

Skandal, die anderen, weil sie froh sind, sie endlich los zu sein. Schätzungen belaufen sich auf 20.000 bis 40.000 Straßenkinder in Deutschland, Tendenz steigend.

Die Zahl der abgehauenen Kinder aus den neuen Bundesländern ist sehr hoch. Sie laufen nicht nur aus Heimen mit katastrophalen Zuständen weg, sondern verlassen auch die vielfach desolaten Familien. Vielleicht sind nicht die Frauen die Verliererinnen Nummer Eins der deutschen Vereinigung, wie es oft heißt, sondern die Kinder.

Offiziell allerdings gibt es in der Bundesrepublik gar keine obdachlosen Kinder, denn jedes Kind hat ein Recht auf Unterbringung. So gibt es nur »weggelaufene Kinder«, die aufgegriffen und untergebracht werden müssen, egal wo. Trotzdem gibt es sie, diese »Straßenkinder«, und rund ein Dutzend mit verschiedensten Schicksalen werde ich in den kommenden Wochen näher kennenlernen, besonders Bambi, Elli, Ben und Manni, Frosch und Joiny.

Ich setze mich am Bahnhof Zoo an die Wand gleich neben dem Haupteingang und beobachte das Treiben auf dem Platz davor. Mein Rucksack mit dem daran festgebundenen Schlafsack steht neben mir. Am Geländer des Eingangs zum U-Bahnhof stehen und sitzen mehrere Erwachsene, fast alle sind betrunken. Sie trinken Bier aus Halbliter-Dosen und rauchen. Vor dem Eingang steht ein junger Mann und bietet eine der vier Obdachlosenzeitungen Berlins an: »*Die Platte* - eine Zeitung von Obdachlosen! Helfen Sie die Obdachlosen!«

Vor mir steht eine Gruppe von Jugendlichen, die sich lebhaft unterhalten, und gelegentlich schallend lachen. Die Reisenden stehlen sich meistens mit gesenktem Blick an den Herumstehenden vorbei, obwohl hier nur selten geschnorrt wird, höchstens mal um eine Zigarette.

Ein paar Schritte links von mir sitzen zwei Jungen und drei Mädchen an der Wand, sie teilen sich zwei Dosen Bier. Eine Zeitungsverkäuferin kommt und baut sich mitten vor dem

Haupteingang auf. Sie bietet bereits die Ausgabe von morgen an. »*Der Tagesspiegel* - die Sonntagsausgabe!« Sie ist hier bekannt und begrüßt im Lauf der Zeit eine ganze Reihe der auftauchenden Leute. Wieder ruft sie ihren Spruch. Ein Betrunkener schiebt ein Fahrrad über den Platz und brüllt: »Sonntags sind alle Ausgaben ausgegabt!« Wir lachen, und die Zeitungsverkäuferin schüttelt schmunzelnd den Kopf.

Von rechts kommt ein ganz in schwarzes Leder gekleidetes Paar. Der Mann hat lange blonde Haare und einen rotblonden Vollbart. Er erinnert mich an einen Löwen. Die Frau trägt krauses Haar, das ihr leicht die Augen verhängt, und schwarze, spitze Stiefeletten mit goldenem Absatz. Das harte Klack-Klack ihrer Schuhe begleitet die beiden. Sie gehen an mir vorbei und auf die links von mir sitzenden Jugendlichen zu. Die Frau beugt sich mit langem Hals zu einem der Jugendlichen herunter und redet auf ihn ein. Als er etwas antwortet, schlägt sie ihm blitzschnell ins Gesicht. »Du sollst mit mir nicht so reden! Du kannst vielleicht mit deinen Flittchen hier so umgehen, aber nicht mit mir«, brüllt die Löwin. Der Mann steht unbeteiligt einen halben Schritt hinter ihr. Der Jugendliche hat den Kopf zur Seite gedreht und sagt irgend etwas, da tritt sie ihm mit dem rechten Schuh ins Gesicht. Er läßt sich zur Seite fallen und hält nach wie vor mit der Linken seine Bierdose fest. Wieder schlägt sie ihm ins Gesicht, aber diesmal reißt er den Arm hoch, um sich zu schützen. In dem Moment springt der Löwe dazu, greift ihm in die Haare und schreit: »Ey, Alter, rühr meine Frau nicht an!« Er wirft ihn ganz auf den Boden, die Dose fällt um, und der Löwe zieht den Jugendlichen an den Haaren durch die Bierlache. »Verpiß dich hier!« brüllt die Frau. Er rafft sich auf und läuft an mir vorbei zu der Erwachsenengruppe am Geländer.

»Wieder was los hier...«, meint die Zeitungsverkäuferin in meine Richtung. Ich nicke.

Das Paar redet noch eine Weile mit den anderen Jugendlichen und geht dann auch auf die Leute am Geländer zu. Dort spricht die Löwin mit einem großen, kräftigen Mann, der schließlich seine Dose auf das Geländer stellt, die Pulloverärmel hochschiebt und auf den Jugendlichen zugeht. Er drängt ihn aus der Gruppe, indem er ihm mehrmals gegen die Brust stößt. Dann schreit der Jugendliche zu ihm auf: »Hab ich zurückgegeben!« Offenbar verunsichert, dreht sich der Mann um und geht zur Löwin zurück. Der Jugendliche entfernt sich in der Zwischenzeit langsam von den anderen. Die Löwin redet auf den breitschultrigen Mann ein, bis dieser plötzlich mitten durch die Gruppe rennt, dabei zwei Männer zur Seite stößt und auf den Jugendlichen zuläuft. Dieser dreht sich, läuft fast eine Reisende mit Koffer um und spurtet los. Im Abstand von zehn Metern rennen beide über den Busbahnhof Richtung Zoo.

Auch »auf der Straße« bestimmen die Erwachsenen, wo der Weg langgeht.

»Hallo!« höre ich es neben mir.

»Ach, hallo!« Es ist Bambi. Ich habe sie vor ein paar Tagen kennengelernt, als sie soeben haarscharf am »Goldenen Schuß« vorbeigegangen war, der Stoff war ausnahmsweise rein. Sie ist vierzehn und seit knapp einem Jahr in Berlin. Eigentlich kommt sie aus einer größeren Stadt in Nordrhein-Westfalen.

Bambi hat harte Erfahrungen hinter sich. Sie ist mit dreizehn von zu Hause abgehauen, hat dann monatelang »auf Platte« gelebt, also auf der Straße, bekam aber schließlich Streß mit den anderen Leuten und verschwand nach Berlin, weil man ihr drohte, sie umzubringen. Lange Zeit hat sie sich mit Prostitution über Wasser gehalten.

Ich stehe auf. »Wie geht's?« frage ich.

»Ach, Scheiße.« Sie schiebt den rechten Ärmel hoch und zeigt mir eine leicht bläuliche Stelle im Armgelenk. Die Geste macht sie immer, wenn sie wieder mal ihren Beschluß, aufzuhören, nicht durchgehalten hat. »Gestern abend, war total scheiße drauf. Aber was mich am meisten ärgert, ich hab auch Fritzi einen Druck gesetzt. Scheiße ist das! Es ist meine Schuld. Ich hätt's nicht machen dürfen. Der kann nicht wieder aufhören.« Ich kenne Fritzi flüchtig. Er ist fünfzehn.

»Es war einfach Scheiße. Wir hingen so bei mir rum, ziemlich abgelascht, und waren mies drauf. Eine Freundin war noch dabei. Na ja, und dann haben wir uns eben *was* geholt... Tja, und dann wollte Fritzi unbedingt auch. Wir haben ihm ja zuerst gesagt, er soll's lassen. Besser, man hat erst gar nichts damit zu tun. Scheiße!«

Ein weiteres Mädchen bleibt bei uns stehen, sie kommt von der Gedächtniskirche am Breitscheidplatz und kennt Bambi, die ihr vom gestrigen Abend erzählt. »Jetzt hab ich Kopfschmerzen und komm langsam auf Turkey. Außerdem muß ich irgendwie eine Sehne oder einen Muskel erwischt haben, ich kann den Arm nicht mehr richtig bewegen.« Sie hebt den rechten Arm leicht, kann ihn aber nur wenige Zentimeter einknicken. »Und weißt Du, was mir dann vorhin auch noch passiert ist?« Sie dreht sich zu mir. »Eine Freundin war heute bei mir und hat ihr Besteck gereinigt. Das Blut hat sie in eine leere Cola-Dose gespritzt und anschließend bei mir stehen lassen. Ich hatte vormittags auch aus einer Dose getrunken und sie leer auf den Boden gestellt...« Mir geht eine eklige Vorstellung durch den Kopf. »Als ich vorhin wieder ins Zimmer kam, wollte ich gegen die leere Dose treten, hab aber die andere erwischt, und das Blut ist voll an die Wand gespritzt.«

»Oh, nein«, sage ich, bin aber froh, daß meine Befürchtung nicht zutraf.

»Ja, echt! Ach, Scheiße! Aber ich hab es einigermaßen wieder weg gekriegt.«

Drei weitere Mädchen kommen an uns vorüber, Bambi kennt sie alle und geht ein paar Schritte mit ihnen. Das andere Mädchen bleibt bei mir stehen, ruft aber: »Eva, wenn du Geld hast, kannst du dann für mich vorstrecken?«

Eine aus der Gruppe dreht sich um. »Dazu muß ich erst mal welches haben.«

Ich will hören, wofür sie das Geld braucht. »Bist du auch drauf?«

»Nee, bin seit ein paar Monaten wieder runter.« Nach einer kurzen Pause fügt sie hinzu: »Ich kann auch andere runter holen. Eine Freundin hat ganz lange gedrückt. Dann hab ich mit ihr geredet, ganz lange und öfter, und jetzt hat sie aufgehört.«

»Sagt sie«, werfe ich dazwischen.

»Nee, ehrlich, ich weiß es. Ich werd jetzt auch mit Fritzi reden, ich schaff das. Er darf gar nicht erst anfangen.«

Drogenentzug, ein Thema auch für viele Kinder.

Bambi kommt zurück, und wir unterhalten uns noch eine Weile, als plötzlich eine Frau auf uns zugeschossen kommt. »Bestimmt habt ihr meine Telefonkarte da raus genommen!« Sie deutet auf eine Telefonzelle.

Wir schauen sie etwas verwirrt an. »Nee«, sagt Bambi. Aber die Frau ist nicht von ihrer Meinung abzubringen. »Ich habe meine Karte da drin vergessen, und ihr standet vorhin auch schon die ganze Zeit hier.«

»Ja«, antworte ich, »aber wir haben sie trotzdem nicht.«

Sie sieht mir fest in die Augen. Mit meinen Mitte Dreißig bin ich deutlich älter als die beiden Mädchen, und sicher hält mich die Frau für einen Ganoven. Würde hier jetzt Polizei patrouillieren, bin ich sicher, daß wir gefilzt würden. »Ihr habt sie«, beharrt die Frau.

»Haben wir nicht, und jetzt verpiß dich«, zischt das Mädchen neben mir.

Die Frau geht.

Bambi will sich für heute wieder vom Acker machen. Sie war hier verabredet, aber ihre Freundin, die auch drückt, ist nicht gekommen. Sie weiß, daß man sich auf Fixer nicht verlassen kann. »Alter«, sagt sie, »man sieht sich«, und geht zur S-Bahn.

Ich entscheide mich, mit der U2 zum Alexanderplatz zu fahren. Bestimmte Cliquen treiben sich dort gerne rum, besonders Kinder aus dem Ostteil der Stadt.

Als ich am Alex ankomme und von der zweiten Tiefebene hoch gehe, sehe ich vor mir drei Jungen. Ich folge ihnen. Die beiden älteren tragen einen Irokesenschnitt, der jüngste - ich schätze ihn auf zwölf - hat einen Stoppelschnitt. Sie fahren mit einer Rolltreppe hinauf, ich ihnen nach. Der Kleine ist etwas dicklich, hat ein ziemlich kindliches, weiches Gesicht, dabei aber eine recht kratzige Stimme. Er balanciert auf dem Handlauf. Seine Fingernägel sind abgebissen. Oben angekommen, gehen die drei zu einer Gruppe, die vor dem *Kaufhof* auf einer Mauer sitzt. Auf dem Platz herrscht reger Betrieb.

»Eins - zwei - drei - wo ist Ball?« Die Hütchenspieler, meist sind es Männer aus Osteuropa, treiben ihr Spiel mit den Passanten. Drei Hütchen werden auf einem Stück Teppichboden hin und her geschoben, unter einem ist die Kugel. Wer das Hütchen mit der Kugel errät, hat gewonnen. Der Einsatz ist 100 Mark. Das Zählen von eins bis drei soll dabei akustisch den Eindruck vermitteln, es handle sich lediglich um drei Züge des Spielers, in Wirklichkeit sind es über zehn.

Ich sitze auf dem Rand des Springbrunnens, der in der Mitte des Platzes steht. Plötzlich rast ein großer Polizeiwagen mit Blaulicht und Martinshorn auf den Platz. Die Hütchenspieler sind sofort verschwunden, zwei Jugendliche stürzen auf den Springbrunnen zu und setzen sich neben mich. Der Polizeiwagen fährt vor einen der Eingänge des *Kaufhof*, und zwei Männer springen heraus und rennen auf die Glastür zu. Diesmal wird keine Jagd auf Hütchenspieler gemacht. Gesucht wird ein im Kaufhaus flüchtiger Ladendieb.

»Scheiße«, sagt einer der Jugendlichen neben mir, »hundert Mark verloren.«

»Tja«, antwortet sein Kumpel trocken, »das gehört zum Spiel.«

Beide sind noch außer Atem von dem Spurt.

Kurz nachdem die beiden gegangen sind, kommt aus dem Kaufhaus schnurstracks ein stark hinkender Mann mit einer Krücke auf mich zu. In der Hand hält er eine Flasche Wodka. Er setzt sich neben mich, schraubt die Flasche auf und nimmt einen Schluck. »Ah-«, er verzieht das Gesicht und stellt die Flasche zwischen uns. »Haste mal 'ne Zigarette?«

»Tabak«, antworte ich.

»Auch gut.«

Ich reiche ihm den noch ungeöffneten Tabak und bin froh, daß ich ihm keine Zigarette drehen soll, denn das kann ich nicht.

»Willste einen Schluck.«

Ich lehne ab, denn ich will noch ein paar Stunden nüchtern bleiben. Ich erfahre, daß er Bumm heißt und lange auf der Straße gelebt hat, wenn er nicht im Knast saß. Jetzt lebt er bei einer Frau, die er nur »zum Ficken« braucht, und die drei Kinder hat, was er ziemlich anstrengend findet. Darum verzieht er sich im Laufe des Nachmittags, kauft sich eine Flasche Wodka und kehrt irgendwann nachts zurück.

»Bier ist Scheiße«, klärt er mich auf, »davon brauchste zuviel, um besoffen zu sein, außerdem mußte dann so oft pissen.«

Die Kinder und Jugendlichen gegenüber an der Mauer werden munterer. Einer der Iros, dessen Haare sehr lang sind, kommt ziemlich betrunken auf den Springbrunnen zu. Er beugt sich über den Rand zum Wasser hinunter und taucht den Kopf ein. Dann richtet er sich wieder auf und schüttelt den Kopf, die nassen Haare fliegen durch die Luft. Eine Frau in weißer Bluse, die auf der Einfassung sitzt, bekommt die Spritzer ab und beschwert sich, worauf der Iro sich ermutigt fühlt, das Ganze zu wiederholen. Die Dame und ihr Mann gehen. Der

Iro wechselt wieder zur Gruppe. Drüben nimmt er eine Flasche Bier von der Mauer, läßt den Kopf in den Nacken fallen und trinkt sie leer. Er dreht sich in unsere Richtung und wirft die Flasche quer über den Platz. Sie zerschellt zwischen einigen Passanten, die sich erschrocken und dann böse umdrehen, aber schließlich weitergehen.

»Das finde ich Scheiße«, kommentiert Bumm, und ich pflichte ihm bei. »Ich will es lieber gemütlich haben, will meine Ruhe, keinen Streß. Man muß miteinander auskommen. Irgendwie ist doch der ganze Tag schon eine psychische Belastung. Da will ich abends meine Ruhe.« Er nimmt einen tiefen Schluck. Dann stellt er die Flasche wieder zwischen uns und dreht sich noch eine Zigarette. »Weißt du, eigentlich ist doch das ganze Leben eine psychische Belastung.«

Ich muß lachen, unterdrücke es aber.

Bumm wird allmählich immer betrunkener, und als sich auch noch die Gruppe gegenüber auflöst, entschließe ich mich, weiter zu fahren nach Friedrichshain. Zuerst will ich zum U-Bahnhof Samariterstraße, wo ich regelmäßig Frosch und Joiny beim Schnorren treffe. Beide wissen zu diesem Zeitpunkt noch nicht, was ich wirklich in Berlin treibe. Anschließend werde ich zu Fuß zur Pfarrstraße gehen. Dort gibt es seit 1990 einen Straßenabschnitt, dessen Häuser besetzt und teilweise von Kindern schon ab dreizehn oder vierzehn Jahren bewohnt sind. Inzwischen haben sich zwei Betreuungseinrichtungen in der Straße eingerichtet, die sich gerade als Ansprechpartner für die Jüngsten verstehen, vor allem in Drogenfragen.

Nach der Vereinigung beider deutscher Staaten sind im Ostteil der Stadt zahlreiche Häuser und teilweise ganze Häuserzeilen besetzt worden, vorrangig in den Bezirken Prenzlauer Berg, Lichtenberg und Friedrichshain. Es handelt sich vielfach um verfallene Häuser, aber auch um welche, deren Besitzverhältnisse in den Vereinigungsturbulenzen ungeklärt blieben. Für abgehauene Kinder und Jugendliche aus der gesamten Republik sind diese besetzten Häuser eine gute Möglichkeit, geradezu unterzutauchen. In geringerem Ausmaß gilt dies auch für die sogenannten Wagenburgen, wo oft mehrere hundert Personen auf abgegrenztem Gelände in Wagen und Anhängern ohne fließend Wasser oder Strom leben. Mich interessiert, wie die Kinder ihr Leben in diesen neuen Gemeinschaften organisieren, was sie treiben, am Tag, und in der Nacht.

Mit der U5 fahre ich Richtung Hönow. Schon nach einer Station allerdings muß ich die Bahn verlassen. Im Wagen nebenan sind drei uniformierte Kontrolleure eingestiegen, die Schäferhunde mit Maulkorb an der Leine führen. Ich befürchte, daß sie beim nächsten Halt in meinen Wagen wechseln.

Kaum bin ich ausgestiegen, erweist sich meine Sorge als überflüssig, denn die Herren sind fündig geworden und haben zwei Schwarzfahrer erwischt, deren Personalien sie nun am Bahnhof Strausberger Platz aufnehmen. Ich setze mich auf eine Bank am Bahnsteig und warte, wohin die Kontrolleure als nächstes fahren. Natürlich nehmen sie die folgende Bahn weiter Richtung Hönow, so daß ich noch einmal warte, die anschließende nehme und hoffe, daß mir die drei beim nächsten Halt nicht schon wieder begegnen. Auf dieser eigentlich sehr kurzen Strecke wird stark kontrolliert, weil sie in einen Großteil der besetzten Straßen im Ostteil der Stadt führt und Besetzer wohl nur höchst selten über Fahrscheine verfügen. Ich habe Glück und überstehe die nächsten zwei Stationen.

Ich hatte richtig vermutet: Als ich am U-Bahnhof Samariterstraße aussteige, sehe ich Frosch und Joiny oben auf der letzten Stufe des Aufgangs sitzen, die eine rechts, die andere links. Mit den anderen Ausgestiegenen gehe ich die Treppe hoch. Ich höre die beiden schon.

»Ey, haste mal 'ne Mark?«

»Hast *du* wohl ein bißchen Kleingeld?«

»Ey, gibst du mir 'nen Apfel ab?«

Eine ältere Frau bleibt stehen und nimmt aus einer Einkaufstasche einen Apfel. »Ihr solltet hier nicht sitzen, ihr seid noch so jung.« Die Frau schaut die beiden an und geht dann weiter.

»Hi!« begrüßen mich die zwei, und Frosch verzieht das Gesicht und deutet hinter der Frau her.

»Hi!« Ich setze mich zu ihnen.

Frosch versucht, den Apfel durchzubrechen, aber er ist zu fest. Sie ißt die eine Hälfte und wirft Joiny dann die übrige zu.

Frosch lebt völlig illegal in Berlin. Sie ist fünfzehn und stammt aus einer Kleinstadt in Brandenburg. Gemeldet ist sie in Berlin nicht, damit sie nicht ausfindig gemacht werden kann, sollten ihre Eltern auf die Idee gekommen sein, sie als vermißt zu melden. Joiny stammt aus Baden-Württemberg. Ihre Eltern wissen inzwischen, wo sie sich aufhält. Sie haben miteinander ein Abkommen geschlossen: Wenn Joiny ab Schuljahrsbeginn wieder eine Schule besucht, schreiten ihre Eltern nicht ein und lassen sie in Berlin wohnen.

Beide tragen schwere, schwarze Stiefel, die bei Joiny in einem krassen Gegensatz zu ihren sehr dünnen Beinen stehen, zumal sie eine hautenge schwarze Jeans trägt. Frosch ist etwas mollig, trägt längeres, gelocktes Haar und hat lange, dreckige Fingernägel. Joinys Kopf ist seitlich kurzgeschoren, das restliche Haar hat einen etwas schwer definierbaren grünlich-gelben Farbton. Die Ärmelbündchen ihres Blousons und ihres Sweatshirts sind durchgewetzt und ausgerissen.

Eine Weile bleibe ich bei ihnen sitzen.

Die Leute, die an uns vorbeigehen, reagieren unterschiedlich. Vom Eingang kommt eine Schönheit, stark nach Parfum riechend, auf uns zu und will hinunter zum Bahnsteig. »Hast du wohl ein bißchen Kleingeld?« fragt Joiny. Die Dame Mitte Zwanzig bemüht sich allerdings, uns nicht zu sehen, worauf Joiny ihr nachruft: »Hauptsache Chanell, wa!?«

Schließlich gehen wir hoch auf die Straße. Die beiden ärgern sich über ein großes schwarzes Hakenkreuz, das vor ein paar Tagen auf den Boden des Ganges gemalt worden ist.
»Diese Scheiß-Faschos!«
Auf der Frankfurter Allee trennen wir uns.
»Vielleicht komme ich morgen abend ins *S.E.K.*«
»Ja, wir sind bestimmt da.«
Ich werde die beiden in den nächsten Wochen oft treffen.

Auf Spurensuche am Bahnhof Zoo

Ich gehe durch die Kinzigstraße, vorbei an der berüchtigten *K 9*, einem besetzen Haus, zur Boxhagener und weiter Richtung Pfarrstraße. Als ich dort ankomme, ist es fast dunkel. Der erste Teil der »Pfarre« besteht aus Häusern vom Anfang des Jahrhunderts, die nach der Wende renoviert wurden. Ab der Ecke Kaskelstraße bis zu einer Bahnunterführung folgen die besetzten Häuser. Hinter der Unterführung schließt sich eine Hochhaussiedlung an. Ein krasses Kontrast-programm. Die inzwischen halb oder ganz »legalisierten« Bauten sind drei- oder vierstöckige Häuser in rotem Back-stein. Die Fassaden sind bunt bemalt und mit Spruchbändern versehen wie: »Wir sind das Glück dieser Erde«. Rechts und links an der Straße liegen Müll- und Bauschutthaufen, am Rand stehen zumeist ältere Autos. Auf einem unbebauten, verwil-derten Grundstück verrotten ausgebrannte Karosserien. Die Erdgeschosse sind mit schweren Türen und mit Draht- und Eisengeflechten vor den Fenstern verbarrikadiert. Vor einem der Häuser steht auf dem Gehsteig ein blaues Mietklo.

Ich treffe auf Elli und Ben, die auf der Straße stehen und sich unterhalten. Ich kenne sie erst flüchtig, sie mich bisher nur vom Sehen. Als ich an ihnen vorbei gehe, nickt Ben mir leicht zu. Er ist fünfzehn und gibt viermal pro Woche in der *Bleibe* Frühstück aus. Er ist aus der Nähe von Dresden. Ich weiß bereits, daß er schon mit elf, schon kurz nach der Wende von zu Hause abgehauen ist. Elli stammt aus der Münchener Gegend. Eine Zeitlang hat sie in der *K 71* in der Kastanien-allee gewohnt, einem erst im Frühjahr '94 besetzten Haus in Prenzlberg. Dort machte sie ihre ersten Erfahrungen mit der Polizei, als die Eltern sie »rausholen« wollten. In der Besetzerszene hat sie sich einen recht freien Lebenswandel zugelegt: Drogen, Sex, Abenteuer.

Auf der anderen Straßenseite kommt Manni mit seinem Hund aus einem Hinterhof. Manni ist gebürtiger Berliner und stammt aus Marzahn. Er ist ein guter Freund von Ben. Sie haben zusammen Autos geknackt und sie zu Schrott gefahren.

Alle drei wohnen seit kurzer Zeit in der *Villa Störtebecker*, eine vorübergehende Wohnmöglichkeit für Minderjährige. Wie der Junge am Alex haben auch Elli und Ben einen geschore-nen Kopf, die Haare sind höchstens einen Zentimeter lang.

An der nächsten Straßenecke bleibe ich stehen und behalte Ben und Elli im Auge. Manni kommt ohne Hund zurück und geht zu den beiden, dann gehen alle drei die Straße hinunter. Ich folge ihnen, will sehen, wohin sie wollen, was sie um diese Zeit treiben. Ihr Ziel ist der *Eisenbahner*. In die Gaststätte folge ich ihnen nicht.

Ich kehre wieder um und komme zur *108*, wo die einzige Besetzerkneipe der Straße betrieben wird. Über dem Eingang brennt eine Infrarotröhre. Seit jemand durch die große Glasscheibe »gegangen« ist, ist das Fenster durch ein Eisengitter vom Bau gesichert. Von drinnen dröhnt *Nirvana* auf die Straße. Gegenüber liegt das Café *Drug stop*, das abends schließt, wenn die *108* aufmacht. Das Café will aber wenigstens tagsüber eine Aufenthaltsmöglichkeit bieten, in der es weder Alkohol noch andere Drogen gibt.

Die Kneipe in der *108* besteht aus drei Räumen: dem Thekenraum vorne, einem Hinterraum mit alten Sesseln, einer Couch und einem Fernseher sowie einem Kellerraum, der von oben offen und über eine Eisenleiter zugänglich ist. Unten steht ein Kicker, an dem ein Spiel 50 Pfennig kostet. Der Geldbehälter ist allerdings weggebrochen, so daß die Münze immer wieder direkt auf den Boden fällt und das Kickern nichts kostet. Da der Raum keine Decke hat, kann man dem Spiel vom Thekenraum aus zuschauen. Ein querliegender Eisenträger dient als Geländer und sichert den offenen Boden.

Heute ist viel los, denn eine der Sozialeinrichtungen in der Straße fördert internationale Austauschprogramme mit drogenabhängigen Jugendlichen und hat Besuch von einer Gruppe aus der Nähe von Tschernobyl.

Ich bestelle mir ein *Berliner*. Rolf, der heute Kneipendienst hat, meint zu mir:»Stell dir vor, die rauchen alle Gras, das sie bei sich anbauen. Was meinst du, wie verseucht das ist, das würde ich nicht anrühren.«

Ich nehme meine Flasche und steige die Leiter zum Keller hinab, wo vier Jugendliche - zwei Jungen, zwei Mädchen -

kickern. Die beiden Mädchen wohnen hier im Haus, einer der Jungen nebenan, der vierte ist nicht aus der Gegend. Nach einiger Zeit spiele ich mit. Der Junge von nebenan ist ziemlich betrunken und mag nicht mehr, er klettert nach oben. Als er zurück kommt, hält er eine Blubba, eine Wasserpfeife, in der Hand. »Wollen wir eine rauchen?«

»Haste was?«

»Ja, aber keinen Tabak.«

Da ich selber kein Shit habe, stelle ich zum Füllen des Pfeifenkopfs wenigstens meinen Tabak zur Verfügung. Während alles vorbereitet wird, frage ich in die Runde: »Sagt mal, hat jemand von euch für heute nacht eine Penne für mich?« Sie schütteln den Kopf, überlegen noch eine Weile, aber ihnen fällt nichts ein.

»Gegenüber in dem leeren Haus kann man pennen.« Eines der Mädchen, deren Haar grellrot gefärbt ist und deren Lider nervös zucken, gibt mir einen Tip: »Es ist zwar im Erdgeschoß alles verrammelt, aber man kann von hinten über eine Mauer in den ersten Stock einsteigen. Da hab ich auch ein paarmal gepennt, als ich noch nichts hatte.« Ich nicke.

Sie wendet sich den drei anderen zu. »Früher kamen ja viele Touris hierher und meinten, sie könnten hier einfach so pennen.« Ich verstehe die Lektion.

Wir rauchen und spielen dann weiter, alles wird etwas lustiger.

Um 2 Uhr 30 frage ich an der Theke, ob ich wenigstens in der Kneipe schlafen darf, wenn alle gegangen sind. Aber ich bin hier zu wenig bekannt, und es wird mir nicht genehmigt.

Ich nehme schließlich meinen Rucksack und schaue mir das Haus gegenüber an, aber da es keine Straßenbeleuchtung gibt und ich mich auf dem Gelände nicht auskenne, verwerfe ich den Gedanken an irgendwelche Kletteraktionen in der Finsternis. Ich gehe eine beleuchtete Querstraße hinunter. Auf einer Bank schläft ein Mann, zugedeckt mit einer leichten Jakke, auf einer anderen sitzen drei Jugendliche und reden. Ich gehe weiter und komme zu einer Grünfläche. An einem Kiesweg stehen einige Bänke, ich wähle die hinterste, die etwas im Dunkeln und am weitesten von der Straße weg steht. Nach der ersten Blubba meines Lebens folgt die erste Parkbank-Nacht meines Lebens. Ich rolle den Schlafsack aus und krieche hinein. Mir fallen zwei Meldungen vom Vormittag ein: In Schwerin hatte es in der Nacht einen Brandanschlag auf eine Obdachlosenunterkunft gegeben, und in Berlin wurde der fünfte Taxifahrer dieses Jahres ermordet. Ich bin innerlich sehr unruhig. Mir fällt mein CS-Reizgas ein, und ich entschließe mich, es in der Hand zu halten. So fühle ich mich etwas wohler. Ich ziehe die Schlafsackkapuze über meinen Kopf. Um meinen Rucksack zu sichern, greife ich mit dem rechten Arm durch einen der Tragegurte.

Zwar döse ich immer wieder ein, von Schlaf kann aber keine Rede sein. Schon das leiseste Geräusch im Gebüsch hinter mir oder auch nur die entfernteste Stimme lassen mich hellwach sein und jagen meinen Puls hoch. Dann kommen zwei Schäferhunde bellend auf meine Bank zugerannt. Ich spüre, wie sie ihre Schnauzen nah an meinen Kopf halten, und höre ihr Schnuppern. Der nahegelegene Einkaufsmarkt hat offenbar einen Nachtwächter beauftragt, das Gelände zu beobachten. Er macht seine Runde und spielt dann auf der Grünfläche vor meiner Bank mit den Hunden Stöckchenholen. Die Hunde bellen, knurren und zanken sich um den Stock, der Mann ruft »Hasso, hier!« oder »Bello, hol!«. Auf die Idee, daß ich ernsthaft schlafen möchte, scheint er nicht zu kommen. Das Spiel wiederholt sich im Stundenrhythmus, so daß ich um sechs Uhr früh aus meinem Schlafsack krabble und verschwinde.

Abgehauen

Im vereinten Deutschland sterben jährlich über 100 Minderjährige aufgrund von Tötungen, sei es durch die Eltern, sei es
durch andere nahestehende Personen. Rund 1.100 bringen sich
jedes Jahr um, bei rund 13.000 Selbstmordversuchen, vorrangig kurz vor Schuljahrsende, also vor den Zeugnissen. Dazu
kommen jährlich 2.000 Minderjährige, die vermißt gemeldet
werden, rund 300 davon bleiben mehr als neun Monate oder
für immer verschwunden. Das ist aber nur ein Bruchteil der
wirklich für kürzer, länger oder für immer von zu Hause abgehauenen Kinder. Sie ertragen die Atmosphäre in ihren El-
ternhäusern nicht mehr. Viele der abgehauenen Kids verbin-
den mit den Eltern nur noch bedrückende Gefühle. Ganz zu
schweigen von denen, die aus Heimen fliehen, besonders in
den neuen Bundesländern.

Ich sitze mit Frosch und Joiny in einem Hauseingang. Die
zwei Meter nach innen liegende Tür ist zugenagelt. In den
Ecken liegen Berge von Müll, die durcheinander wirbeln, wenn
der Wind in den Eingang pfeift. Es stinkt nach Pisse, und wir
suchen die ideale Stelle, an der sich der Gestank aushalten
läßt, wir aber gleichzeitig vor dem kälter werdenden Wind
geschützt sind. Die beiden wohnen in einem nur von Frauen
besetzten Haus, verbringen aber die meiste Zeit ihres Alltags
auf der Straße.

Joiny stammt aus einer »gutsituierten« Familie. Beide Eltern arbeiten. »Meine Mutter hat nur Designer-Klamotten ge-
tragen«, sie schüttelt den Kopf und sieht stumm auf den Boden. »Für mich war aber nie Geld da. - Und dann durfte ich
keinen Zucker essen oder Pommes, immer nur ökologisch,
nie mal eine Cola oder so. Ach, irgendwie war es ziemlich
nervig.« Ihr Gesicht ist noch sehr kindlich, aber der Ausdruck
oft ernst.

»Aber trotzdem war das nicht das Schlimmste. Viel schlimmer war, daß ich immer für die Schule lernen mußte, sie mir aber nie mal was erlaubt haben, was *ich* wollte.«

Sie hat sich mit vierzehn sehr bewußt dazu entschlossen, von zu Hause abzuhauen. Und nach Berlin wollte sie von Anfang an. Nach und nach sparte sie sich das Geld für die Bahnfahrt zusammen. Als sie schließlich den noch fehlenden Betrag zugesteckt bekommt, beginnt sie zu organisieren. Sie packt die nötigsten Sachen zusammen sowie das Geld für die Fahrt und die ersten Tage. Wie immer geht sie morgens zur Schule, aber diesmal kommt sie mittags nicht zurück. Als ihre Eltern beginnen, sich ernsthaft Sorgen zu machen, ist sie längst am Bahnhof Zoo angekommen und läßt sich durch die Straßen Berlins treiben.

Joiny kann sich vorstellen, später die Eltern mal wieder zu besuchen, jetzt aber telefoniert sie nur manchmal mit ihnen, gelegentlich schreibt sie auch. Um nicht zurück zu müssen, hat sie sich auf die Abmachung eingelassen, ab Schuljahresbeginn wieder zur Schule zu gehen.

Ganz anders war es bei Frosch. Dreizehnmal hat sie versucht, von zu Hause wegzulaufen. Ihre Eltern betreiben zwei Gaststätten und hatten nie Zeit, und wenn, dann gab es Streß. Sie ist öfter regelrecht verprügelt worden. Zweimal kam sie in Berlin an, fand sich aber nicht zurecht. Die große Stadt machte ihr auch Angst. »Du mußt dir mal vorstellen«, erzählt sie mir, »einmal war ich sogar zu blöd, den Bahnhof Zoo zu finden.« Sie lacht und schüttelt den Kopf. So etwas kann sie sich heute gar nicht mehr vorstellen. »Total bescheuert, aber echt«, kommentiert sie.

Doch den dreizehnten Versuch nutzt sie schließlich. Sie treibt sich an einem Abend in ihrer Heimatstadt am Bahnhof herum. Sie ist allein unterwegs. Fühlt sich einsam. Als ein Betrunkener auf sie zukommt, will sie sich eine Zigarette schnorren, aber statt dessen drückt ihr der Mann einen 50-

Mark-Schein in die Hand. Ob er sie »kaufen« wollte, weiß sie nicht, denn sie hat sich schnell »verpißt«. Wieder einmal wittert sie eine Chance. Sie erkundigt sich am Bahn-Schalter über die nächste Verbindung nach Berlin - und diesmal steigt sie richtig aus. Sie steht am Bahnhof Zoo. Nachdem sie sich etwas umgesehen hat, geht sie in eine Pizzeria, wo sie auf einige Jugendliche trifft. Diese erzählen ihr von einer Demonstration, die am nächsten Tag am Zoo stattfindet und zu der sie kommen soll. Die Nacht in der Millionenstadt ist viel zu aufregend, als daß sie müde würde. Am anderen Tag geht sie zur Demo. Sie schließt sich dem Menschenzug an und wird von einigen Frauen angesprochen, die offenbar ihre Situation erkennen und sie auszufragen beginnen. Schließlich bezieht sie ihr erstes Zimmer in einem besetzten Haus. Nur für Frauen.

Frosch ist es auch, die Joiny auf der Straße aufliest und ihr ein Zimmer im Haus besorgt. Seitdem verbringen sie fast jede Stunde miteinander.

Für Frosch steht fest: »Nie mehr zurück.« Sie weiß nicht, ob ihre Eltern überhaupt eine Vermißtenanzeige aufgegeben haben. Um den Ruf der Familie und der Geschäfte nicht zu gefährden, geben sie vielleicht auch eine andere Begründung für die Abwesenheit ihrer Tochter an. Trotzdem hat sie sich zur Sicherheit nicht in Berlin angemeldet. So entgeht sie nicht nur einer möglichen Fahndung, sondern obendrein der allgemeinen Schulpflicht.

»Habt ihr keine Angst gehabt, so alleine auf der Straße? Es gehört ja schon Mut dazu abzuhauen.«

»Ja, schon, aber wenn es dir so dreckig geht, ist dir das egal. Es kann ja nur besser werden.«

Wir verlassen den Hauseingang.

Ich suche »eine Penne«, und die beiden meinen, ich könnte bestimmt im *S.E.K.* in der Colbestraße schlafen. Wir gehen hin. Der Eingang ist hinten, vorne ist alles verbarrikadiert. Wir müssen in die dritte Etage, wo die beiden zwei Männer kennen.

In dem breiten Hausflur fehlen die Treppengeländer, sie mußten im vergangenen Winter verheizt werden. Da es nur oben und unten eine schwache Beleuchtung gibt und der ganze Trakt keine Fenster besitzt, ist zwischen den beiden Treppenteilen nur ein schwarzes Loch zu sehen.

Oben sitzt der Jugoslawe Juri in der Küche, ich werde vorgestellt. Jury hat nichts dagegen, wenn ich für eine Nacht bleibe, nur für länger sei kein Zimmer mehr zu haben, betont er. Sie holen Jürgen aus seinem Zimmer, der ebenfalls keine Einwände hat und mir einen Raum zeigt, der eine Mischung aus Abstellkeller, Baustelle und Müllplatz ist. Auf dem Boden liegt aber immerhin eine Matratze, daneben steht eine alte Nachttischlampe. Sie funktioniert. Ich stelle meinen Rucksack ab, rolle den Schlafsack aus und gehe dann den Gang wieder vor Richtung Küche. Als ich näher komme, höre ich eine barsche Stimme: »Ach, und ihr müßt den hier anschleppen?« Ich bleibe kurz stehen, gehe dann aber weiter. Die beiden Mädchen scheinen wegen mir in eine unangenehme Situation gekommen zu sein.

Vor Frosch und Joiny, die auf Stühlen sitzen und zum Boden sehen, steht ein Typ, etwas über Zwanzig vielleicht. Alle drei schweigen jetzt, als ich eintrete, dann dreht sich der junge Mann um und geht schweigend an mir vorbei hinaus. Kurz drauf knallt eine Tür ins Schloß.

»Was ist?« frage ich.

»Ach, es paßt ihm nicht, daß du hier pennst. Der spinnt.«

Die beiden schauen etwas betreten aus.

Kurz darauf geht er an der Küchentür vorbei in den Hausflur und wirft die Wohnungstür hinter sich zu.

»Paß auf«, meint Frosch zu Joiny, »jetzt gibt es gleich ein Hausplenum.«

»Scheiße!«

Obwohl die zwei hier keine Neulinge mehr sind, haben sie sich offenbar gehörig verschätzt in der Bereitschaft der anderen, Fremde unterzubringen.

Ich habe ein schlechtes Gewissen, ohne es zu sagen. Die beiden haben doch eine schwierige Position gegenüber den Männern hier im Haus. Ich weiß nicht, was ich tun soll, und warte ab.

Ich bin aufgeregt und gespannt, was nun passiert. Vielleicht sitze ich schon in ein paar Minuten vor den versammelten Anwesenden der vier Etagen. Vielleicht muß ich Fragen beantworten, dann wird abgestimmt, und letztlich werde ich wieder hinaus geworfen.

»Weißt du«, sagt Frosch in unser Schweigen, »die haben einfach Angst vor Zivis.«

Ich nicke. »Zivis« sind Zivilpolizisten.

Wir sitzen noch eine Weile abwartend in der Küche, aber nichts passiert, und dann wird uns das Rumsitzen zu dumm. Da die letzten Nächte für mich hart waren, entschließe ich mich, doch in das Zimmer und schon früh schlafen zu gehen. Wir verabschieden uns.

In dem Zimmer rolle ich meine Jeans zu einem Kopfkissen zusammen und schlüpfe in den Schlafsack. Nebenan dröhnt noch Punk-Musik, aber trotzdem schlafe ich nach einiger Zeit ein. Manchmal werde ich von irgend etwas wach, dann rechne ich damit, doch noch rausgeschmissen zu werden. Ich bin auch unsicher, was passieren könnte, wenn sich der Typ in der Nacht mit Drogen zudröhnt und dann seinen Haß auf mich rausläßt. In die Bresche würde hier natürlich niemand für mich springen. Mitten in der Nacht schrecke ich noch einmal auf, weil plötzlich irgendwo ohrenbetäubend Musik gespielt wird. Die Bässe hämmern durch die Mauern. Ungefähr eine Stunde lang liege ich wach, muß auch pinkeln, traue mich aber nicht, hinaus zu gehen, dann schlafe ich trotz des Lärms wieder ein.

Morgens bin ich als erster in der Wohnung auf den Beinen. Meine Blase schmerzt vor Druck, und ich suche die Toilette. Ich pinkle ins Klo und ziehe automatisch an der Leine des Wasserkastens, obwohl ich weiß, daß das Haus nicht über fließend Wasser verfügt. Zurück im Zimmer, ziehe ich mein Hemd an, schlüpfe in die Hose, rolle den Schlafsack auf und binde ihn wieder an den Rucksack. Ich verlasse die Wohnung und bin froh, daß ich niemandem begegne.

Der Hausgang ist finster wie eine Höhle, im Erdgeschoß brennt eine kleine Birne über der Tür. Draußen scheint die Sonne.

Ich frage Passanten, wie spät es ist, und gehe zur Rigaer Straße, wo es in der *Bleibe* morgens zwischen 10 und 12 Uhr für eine Mark Frühstück gibt.

Die *Bleibe* ist eine noch junge Einrichtung, mit der versucht wird, obdachlosen Kindern und Jugendlichen eine erste Anlaufstelle bei Problemen zu bieten. Sie ist viermal wöchentlich ganztags geöffnet, bietet neben dem Frühstück die Möglichkeit, Wäsche zu waschen und zu duschen, aber auch Freizeitbeschäftigungen wie Kickern, Billardspielen oder einfach nur im Warmen und Trockenen Musikhören. Da es in der Gegend viele besetzte Häuser gibt und diese in den letzten Jahren immer wieder Kinder und Jugendliche anziehen wie ein Magnet, tauchen hauptsächlich Minderjährige aus den Besetzerszenen auf.

Ich stelle meine Sachen ab, gehe in die Küche, lege ein Markstück auf den Holztisch und fülle mir einen Teller mit Brot, Käse und einem Ei. Dienst hat heute Ben. Er verdient sich hier jeden Morgen ein paar Mark. Von zu Hause abgehauen ist er schon mit 11 Jahren. Nach dem Zusammenbruch der DDR wurde 1990 die Atmosphäre in der Familie immer angespannter, der Vater immer brutaler. Mit der deutschen Vereinigung verlor sein Vater den Arbeitsplatz und blieb danach längere Zeit arbeitslos. Vor allem aber zerbrach das Weltbild der Familie.

Ben wurde mit der Überzeugung erzogen, daß es richtig sei, für den Sozialismus zu arbeiten und sich dafür einzusetzen. Spätestens mit der endgültigen Vereinigung 1990 wurde selbst dem Elfjährigen klar, daß das alles nun nicht mehr zählte. Die Familie ist verunsichert, weiß nicht, wie es weitergehen soll. Eins scheint für Ben allerdings festzustehen: was die Eltern bisher vertreten hatten, ist ohne Bestand. Auch die Schule läßt er immer mal wieder ausfallen. Die elterliche Autorität sinkt. Die Aggressionen nehmen zu, immer öfter gibt es Prügel, die einmal sogar zu einem angebrochenen Nasenbein führen. Eigentlich glaubt er auch nicht, daß seine Eltern, besonders der Vater, an ihm hängen. »Mein Vater hat nur den ganzen Tag auf mich eingeredet und mir erzählt, was ich zu tun habe.« Schließlich haut er ab.

Eine Weile hält er sich in Leipzig auf, wo er Punks aus Hamburg kennenlernt. Mit ihnen geht er in den Norden. Schnell findet er Anschluß an andere Straßenkinder. Sie sind Crash-Kids, klauen Autos und fahren sie zu Schrott. Schon damals treibt er sich immer mal wieder auch in Berlin rum.

Ben ist vernarrt in Autos und nennt sie seine größte Droge. Autofahren lernte er schon mit 13 Jahren. Das Rasen auf der Autobahn findet er geil. Solche Spritztouren gönnt er sich mit seinen 15 Jahren fast jedes Wochenende. Natürlich kommen nur schnelle Karossen in Frage. Die etwas älteren Modelle suchen sie sich nur aus, um sie im Laufe der Nacht zu Schrott zu fahren.

Bens Freund Manni hat mir dazu erzählt, daß er selbst und auch die anderen nach dem Zu-Schrott-Fahren der Autos immer anonym die Polizei angerufen hätten, um zu melden, wo das Auto ist. Der Grund: Sie wollen nicht die Umwelt verschmutzen und die Wracks einfach an entlegenen Straßen, auf Wiesen oder in Wäldern lange verrotten lassen. Mannis Onkel, den er »gut« findet, ist bei *Greenpeace* aktiv.

Manni wie auch Ben wollen allmählich wieder das Verhältnis zu den Eltern verbessern, doch zurück, das kommt nicht in Frage.

Manni bekam mit fünfzehn Kontakt zu den Jüngeren der Besetzerszene und hielt sich immer häufiger in besetzten Häusern auf, weil er dort eine Freundin hatte. Das Leben dort war ungeheuer spannend, keine Erwachsenen, die in alles rein reden, nur wenige Verhaltensregeln. Schließlich ist er dann ganz von zu Hause weg geblieben. Zuerst ohne seinen Adoptiveltern etwas zu sagen, dann hat er sie angerufen und gesagt, wo er steckt. Heute besucht er seine Eltern allerdings öfter und empfindet das Verhältnis inzwischen auch wieder als »ganz okay«.

Ben hatte lange Zeit immer nur dann Kontakt zu den Eltern, wenn ihn die Polizei mal wieder irgendwo aufgegriffen hatte und zurück brachte. Am Anfang allerdings war es ihm lange gelungen, nicht zurück zu müssen, denn er hatte kurzerhand die Identität seines Cousins angenommen. Dieser war schon volljährig. Das hatte zur Folge, daß Ben nach der ersten Festnahme für sechs Monate wegen mehrfachen Autodiebstahls im Erwachsenenknast inhaftiert war. Aber das war ihm lieber, als zurück zu den Eltern zu müssen. Obwohl er schon mit 14 Jahren sehr erwachsen aussah, flog die Lüge schließlich doch auf. Bei den Eltern aber ist er nie lange geblieben, sondern immer schnell wieder abgehauen. Nicht nur, daß sein Vater immer viel zuviel auf ihn eingeredet habe, sondern seine Eltern hätten ihm insgesamt zu wenig freie Zeit gelassen. Gleich nach der Schule und den Schularbeiten mußte er im Garten und im Haus mithelfen. »Sie hätten mir mehr Freizeit lassen müssen, vielleicht wäre dann alles anders gekommen«, meint er heute etwas nachdenklich.

Der Aufenthaltsraum der *Bleibe* ist noch recht leer. Zwei Jugendliche spielen Billard, in der Sitzecke rauchen die ersten ihre Frühstücks-Zigarette. Es dröhnt Punk-Musik. Da mir noch nicht nach Lärm ist, habe ich mich mit meinem Teller in den Frühstücksraum gesetzt, wo ungefähr fünfzehn Personen zwischen 14 und 25 Jahren sitzen. Die Tische sind zu einem großen Viereck zusammengestellt. In der Tür liegen zwei Hunde. Sie dürfen nicht in den Raum, bekommen aber gelegentlich etwas von Herrchen oder Frauchen zugeworfen und schnappen danach.

Ich nehme mir Kaffee aus einer großen schwarzen Warmhaltekanne. Eigentlich trinke ich nur Milchkaffee, da die Milch aber wieder einmal leer ist, bleibt der Kaffee schwarz. Ich nehme dafür etwas mehr Zucker, um den bitteren Geschmack zu mildern.

Die Gespräche gehen hin und her. Sie drehen sich um den Kampf gegen Faschisten, um *Pillen* und um die Zustände in einzelnen besetzten Häusern. Schließlich fragt einer jemanden neben mir:

»Ey, habt ihr eigentlich euren Flips wiedergefunden?«

»Nee«, antwortet der andere. »Nee, glaub auch nicht, daß er wiederkommt. Ist bestimmt in *K 9*.«

Der erste schüttelt den Kopf.

Der neben mir bemerkt, daß ich ihm zuhöre. »Stell dir vor«, spricht er mich an, »der ist erst zwölf und kifft und säuft jeden Abend bis zum Umfallen. Sollten wir dabei zugucken? Wir mußten doch was sagen. Aber dann war er stinkig und meinte, wir würden genauso quatschen wie sein Alter. Da ist er abgehauen. Garantiert *K 9*, da lassen sie ihn in Ruhe.«

Das Haus *K 9* in der Kinzigstraße ist selbst in der Besetzerszene berüchtigt. Hier koppeln sich Militarismus, Anarchismus und Diktatur. Erlaubt ist immer das, was am weitesten von spießiger Bürgerlichkeit entfernt ist. Je radikaler, desto besser. Wer nicht radikal genug ist, dem wird Radikalität verordnet, oder er gilt als untragbar. Für die Polizei war das Haus bisher nicht einzunehmen.

Flips kenne ich bisher nicht, will aber von nun an versuchen, ihm auf die Spur zu kommen.

Nach dem Frühstück wechsle ich in den Aufenthaltsraum. Nach wie vor dröhnt der Punk. Ich setze mich zu einer Gruppe in die Sitzecke. Sie tragen alle schwarze Lederjacken und Jeans, einige haben einen farbigen Iro, andere Stoppelschnitt.

Einer sagt: »Ich muß gleich erst zu Harry.«

»Warum? Geh ich nicht mit!«

Der erste zuckt mit den Schultern.

Ein Dritter mischt sich ein. »Ey, brauchst dich echt nicht mehr so anstellen! Harry ist okay. Der hat sich echt verändert seit damals. Wir müssen ja nur kurz was mit ihm besprechen.«

»Mal sehen«, sagt der zweite »können uns ja später irgendwo treffen. Ich will jedenfalls erst mal wieder duschen.«

»Okay, dann können wir ja schon mal gehen.«

»Von mir aus.«

»Wir können uns am Alex treffen.«

»Okay.«

Als die beiden anderen gegangen sind, sieht mich der, der auf das Freiwerden der Dusche wartet, an. »Kennste Harry?«

»Nee«, antworte ich.

»Ey, ich sag dir... Der wohnt noch bei seiner Mutter. Ist eine Alkoholikerin, total fertig. Die Wohnung total runtergekommen, alles versifft. Bei der haben immer alle Typen gepennt. Ist in der Nähe vom Alex. Jeder konnte sie nageln. Und einmal, ne, da wollte sie sogar mit mir knutschen, aber Alter, die hat keine Zähne mehr im Maul. Nur so Zahnfleisch. Mir ist total schlecht geworden, ey. Ich bin abgehauen, echt. Voll widerlich!«

Ich höre zu und nicke. Seine Fingernägel sind abgebissen und die Ränder schwarz. Die Dusche wird frei, mein Gegenüber geht. Ich kraule einem Hund hinter den Ohren.

Ich muß an Elli denken, die mir einmal sagte: »Bei uns ist Dreck unter den Fingernägeln normal.«

Elli kommt aus einer bayerischen Großstadt. Ihre Eltern sind nicht nur »gutsituiert«, sie sind reich. Eigentlich geschieden, sind beide Eltern wieder verheiratet mit ebenfalls gutverdienenden Ehepartnern. Ihr Vater ist im Management tätig und oft längere Zeit im Ausland unterwegs, außerdem steht er in einer hohen politischen Funktion. Die Mutter ist ebenfalls berufstätig. Geld hat nie eine Rolle gespielt.

Elli gehört zu den Kindern, die »eigentlich immer alles gehabt haben«, doch auf meine Frage, ob sie nicht einfach zu den verwöhnten und verzogenen Wohlstandskindern gehört, antwortet sie schlicht und auch ein bißchen traurig: »Wenn ich in der Schule eine Eins geschrieben habe, bekam ich immer 50 Mark, aber gefreut hat sich mit mir keiner.«

Schon früh wurde Elli gezwungen, sich wie eine Tochter aus gutem Hause zu benehmen. »Freizeit habe ich nie so richtig gehabt. Nach der Schule mußte ich lernen, dann zum Schwimmverein und danach zum Klavierunterricht. Später wurde ich im Schwimmverein abgemeldet und mußte Tennis spielen. Wenn meine Freundinnen nach dem Tennis noch was unternehmen wollten, mußte ich schon wieder los, um pünktlich in der Klavierstunde zu sein. So lief das immer.«

Elli ist mit fünfzehn abgehauen, nachdem sie schon mehrere Anläufe genommen hatte, aber nie durchhielt. Sie hat soeben vier Monate Hausarrest durch ihre Eltern hinter sich, als es wieder mal nach Stunk riecht. Den Tag über treibt sie sich rum. Irgendwann trifft sie in ihrer Heimatstadt auf zwei ehemalige Schulfreunde, die vor einiger Zeit nach Berlin abgehauen sind. Sie wollen nach München und von dort aus zurück nach Berlin. Da Elli genügend Geld in der Tasche hat, beschließt sie, ihre Freunde bis zum Münchener Bahnhof zu begleiten. Als sie sich am Bahnsteig verabschieden wollen, entscheidet sie sich plötzlich mitzufahren.

So kommt sie nach Berlin. Durch ihre Freunde fühlt sie sich sozial sofort eingebunden und kann zunächst in einem besetzten Haus unterkommen. Kurz darauf zieht sie in die *K 71* in der Kastanienallee. Das Haus gehört der Heilsarmee. Zu ihrer Zeit hätten in dem Haus siebzehn »Feste« gewohnt und ungefähr immer gleichviel »Besucher«, erzählte sie mir. Die

Bewohner sind ziemlich jung, der Großteil zwischen 14 und 23 Jahren. Zeitweise hätten sie auch eine Elfjährige bei sich gehabt. Längerfristig allerdings hätte das nicht geklappt, meinte sie, das sei einfach zu jung.

In der ersten Nacht in Berlin hat sie zum erstenmal gekifft, das war »total gut«. Als sie später ihren Eltern mitteilt, wo sie ist, gibt es Aufregung. Die Eltern beschließen - ohne daß Elli davon weiß -, sie von der Polizei aus dem besetzten Haus herausholen zu lassen und kommen zusammen mit ihrem älteren Bruder nach Berlin. Die Aktion wird hektisch und eskaliert, das Ganze gerät zu einer großen Auseinandersetzung, bei der ihr Bruder von einem Besetzer kräftig verprügelt wird. Die »Befreiung« scheitert. Elli bleibt im Haus.

Nach dieser Auseinandersetzung schaltet sich der Verein *Karuna* ein. Die Mitarbeiter der Einrichtung fahren sogar zu Ellis Eltern nach Bayern und kommen zu dem Entschluß, daß es wohl tatsächlich keinen Sinn hat, das Mädchen zwangsweise zurück zu bringen. Sie machen den Vorschlag, daß Elli in eine betreute Einrichtung zieht, nach den Sommerferien wieder die Schule besucht, dafür aber in Berlin bleiben kann. Die Eltern willigen schließlich ein.

Ihren Eltern, die sie »spießig« findet, wirft sie vor, daß sie sich in Wirklichkeit nie für sie interessiert haben. »Wenn sie sich meinetwegen gestritten haben, ging es nie um mich, sondern immer um ihre Krise. Um mich hat sich überhaupt keiner gekümmert.«

Als ich Elli einmal frage, was sie denn genau gegen Spießer habe, antwortet sie: »Die haben keine Ahnung vom Leben.«

Allmählich füllt sich der Aufenthaltsraum. Mir gegenüber sitzt Hans, er starrt abwesend geradeaus. Ich kenne ihn von verschiedenen Orten: vom Zoo, vom *Linientreu* und vom Frühstücken hier. Ich weiß, daß er dealt, und zwar mit fast allem, was der Markt zu bieten hat. Er geht auf die Dreißig zu und hat schon mehrfach »gesessen«, auch wegen illegalem Waffenbesitz und Waffenhandel. Vor einigen Jahren hat er einen Waffenraub bei der Bundeswehr »vermarktet«.

Hans kennt hier fast jeden. Als er aus seiner Starre erwacht, nippt er an seinem Kaffee und holt schließlich ein kleines Aluminiumpäckchen aus der Innentasche seiner Lederjacke. Er beginnt in aller Ruhe, drei Blättchen zusammenzukleben, legt den Tabak und den zerbröselten Shit darauf und klebt das Ganze trichterförmig zusammen. Er steckt sich den Joint ganz in den Mund, um das Papier naß zu machen, stellt am Feuerzeug eine große Flamme ein und brennt das Papier rundherum leicht an. Dann zündet er die Papierspitze an und inhaliert nach und nach die ersten tiefen Züge. Anschließend reicht er den Joint weiter. Eine Reihe der Jugendlichen raucht mit, andere werden übergangen oder müssen erst nachfragen, wenn sie einmal ziehen wollen. Auch ich werde übersprungen.

Am Ende wird Hans mit dem zustimmenden Nicken zurückhaltender, denn er will selbst den Joint noch einmal bekommen, bevor der aufgeraucht ist. Er nimmt den Stummel und zieht noch einige Male. Einen der Jüngeren kennt er offenbar besser und sagt ihm, daß er aufstehen soll. Sie stellen sich knapp voreinander auf. Hans nimmt den letzten Rest des Joints, steckt ihn mit der Glut nach innen in den Mund und bläst einen festen, wie geschnitten aussehenden Rauchstrahl in den offenen Mund des Jungen, der ihn tief einzieht. Hans läßt den letzten Rest auf den Boden fallen, tritt die Glut aus und hustet eine Weile schwer.

Die *Bleibe* soll eigentlich eine drogenfreie Einrichtung sein, und wäre in der letzten Viertelstunde ein Mitarbeiter in den Raum gekommen, wären wir alle mindestens für diesen Tag rausgeflogen. Es war ein reiner Zufall, daß keiner hereinkam, zumal das Büro nur durch den Aufenthaltsraum erreichbar ist und die Mitarbeiter für gewöhnlich oft hier durchkommen. Als nun kurz darauf eine Mitarbeiterin kommt, riecht sie sofort, daß es sich im Raum nicht nur um den Geruch von Tabak handelt. Sie bleibt stehen, stemmt die Hände in die Seiten, schaut uns alle nacheinander an und fragt: »Wer hat alles gekifft? Von wem war das Zeug?«

Natürlich antwortet niemand. Die Gruppe schweigt eisern. Hans dreht sich völlig cool eine Zigarette.

»Hier sind keine Drogen erlaubt. Wen wir erwischen, der bekommt Hausverbot. Den meisten hier muß ich das wohl nicht in Erinnerung rufen!«

Nach dieser Moralpredigt leert sich die *Bleibe* schnell. Einmal geht Ben kurz ins Büro und rechnet die Frühstückskasse ab. Zurück, sagt er »Ciao!« in meine Richtung und verschwindet. Dann sitze ich mit Hans eine Weile alleine im Aufenthaltsraum, bis einer hereinkommt, auf den er offenbar gewartet hat und der sich hier nicht auskennt. Da niemand mehr Musik einlegt, ist es ruhig. Ich kann hören, worüber sich die beiden unterhalten.

»Wenn wir gleich aufbrechen, muß ich erst noch bei *meinem* vorbei, er war gerade nicht da. Hoffentlich ist er nicht den ganzen Tag weg. Ich muß heute abend wieder relativ früh fahren.«

»Na ja, wenn es nicht klappt, kann ich auch was besorgen«, sagt Hans.

»Ja.«

»Um wieviel geht es denn?«

»Tausend.«

»Ich kriege bei meinem auf jeden Fall was.«

»Na ja, aber weißt du, ich will natürlich schon was davon haben.«

»Klar.«

»Also, ich werde es jedenfalls erst mal bei *meinem* probieren.«

Sie schweigen eine Weile.

Der Neue spricht mich an: »Bist du hier öfter?«

»Ja.«

»Ist ganz gut hier, oder?«

»Ja, find ich schon.« Nach einer kurzen Pause frage ich:
»Was treibst du so?«

»Bin jetzt beim Bund, hab mich verpflichtet.« Er macht
eine Pause. »Hab ein paar Leute an der Hand, die für tausend
Mark *was* wollen, aber irgendwie ist der Typ, bei dem ich kaufe,
nicht da. Ich müßte das unbedingt heute noch einkaufen, ich
muß heute abend wieder fahren.«

Wir drei sitzen eine ganze Zeit lang schweigend da, dann
entschließe ich mich zu gehen. Ich fahre zum Alex und setze
mich auf den Springbrunnenrand. Etwas weg von mir sitzen
die Rothaarige, die sich in der *108* über die dreisten Touris
ausgelassen hat, und ein Junge. Als die beiden aufstehen und
Richtung *Kaufhof* gehen, folge ich ihnen - mit einem Abstand
von fünf oder sechs Metern. Gleich hinter dem Eingang fragen sie einen Angestellten, in welcher Etage es Batterien gebe.
Sie müssen in die zweite Etage. Der Mann gehört offenbar
zum Sicherheitspersonal; er zieht ein Sprechgerät heraus und
sagt, gerade als ich auf seiner Höhe bin: »In den zweiten Stock
kommen jetzt zwei Kids: ein Mädchen mit rotgefärbten Haaren und ein Junge mit Iro.«

Ich folge den beiden auf der Rolltreppe. Oben fragen sie
sich nach dem Ständer mit den Batterien durch. Ich habe den
Eindruck, daß ihnen ein unauffälliger Herr in grauem Anzug
nachgeht. Ich beobachte alle drei. Die Rothaarige redet so laut
über die Batterien, die Preise und andere Artikel, die auf ihrem Weg angeboten liegen, daß es schon ein bißchen auffällig
ist. Einige Verkäuferinnen schauen ihnen nach. Der Herr im
grauen Anzug bleibt ein Regal vor dem Batterienständer stehen und schaut zu den beiden hinüber. Die zwei klauen aber
nichts, sondern bezahlen die Batterien an der nächsten Kasse.
Dann wühlen sie noch in einigen Schnäppchenkörben. Ich
versuche, nicht in ihr Blickfeld zu geraten und wechsle ständig meine Position, bis ich plötzlich merke, wie mich eine
Verkäuferin einige Schritte entfernt beobachtet. Mit Rucksack

und Schlafsack auf dem Rücken und merkwürdig wechselhaft durch die Gänge gehend, scheine auch ich nicht gerade unauffällig zu sein.

Die beiden klauen jedenfalls nichts und scheinen es auch nicht nötig zu haben.

Tatsächlich gibt es in den Besetzerszenen viele Jugendliche, die hinreichend Geld haben und nicht arm sind. Erst vor ein paar Tagen hatte mir ein älterer Besetzer, der in einer inzwischen legalisierten Wohnung lebt, erzählt, daß ein Teil der Jüngeren über relativ viel Geld verfügt. »Das sind alles Wessis«, meinte er, »die bekommen von Mama und Papa viel Geld in den Arsch gesteckt, tragen Lederstiefel für zweihundert Mark und fahren Mountainbikes für weit über tausend. Die toben sich hier aus, mehr nicht. Da steckt nichts hinter. Und die Eltern sind ihre anstrengenden Kids los. Hier nerven sie sich gegenseitig. In manchen Häusern machen sie sich untereinander richtig fertig und sind alle paranoid, machen aber einen auf *autonom*.«

Ich fahre weiter Richtung Zoo. Vor dem Bahnhof treffe ich Bambi, die gelangweilt rumsteht und später zur Redaktionssitzung von *Zeitdruck*, einer *Zeitung von Straßenkindern und jungen Obdachlosen*, fahren will. Wir reden darüber, wie sie von zu Hause abgehauen ist und wie die erste Zeit auf der Straße war.

Bambis Eltern sind geschieden. Sie war die einzige Tochter und lebte bei der Mutter. Probleme gab es schon mit dem leiblichen Vater, aber erst recht, als die Mutter einen Mann kennenlernt, den sie schließlich heiratet. Von Anfang an mag Bambi ihren Stiefvater nicht. Sie akzeptiert ihn nicht als neue Autoritätsperson und will sich nichts von ihm sagen lassen. Es gibt Spannungen. Schließlich wird die Mutter noch einmal schwanger. Bambi hat den Eindruck, daß sich eine neue Familie gründet, zu der sie nicht mehr dazu gehört. Sie beginnt, sich rumzutreiben. Zuerst hält sie sich an einschlägigen Plätzen in ihrer Heimatstadt auf, doch immer wieder stößt sie dort auf Nachbarn oder Bekannte, was ihr unangenehm ist. Dann beschließt sie, nach Köln abzuhauen.

»*Angepackt* hat er mich aber nicht«, meint sie von ihrem Stiefvater.

»Gibt es viele Mädchen, die wegen der sexuellen Anmache abhauen?«

»Ich kenne mehrere.«

Die Flucht von zu Hause ist zunehmend gerade für Mädchen zu einem Lösungsweg geworden, um sich sexueller Mißhandlung zu entziehen.

Bambi landet schließlich auf der sogenannten Dom-Platte in Köln. Hier reiht sie sich ein in die große Gruppe der Kinder und Jugendlichen.

Da ihre Eltern sie als vermißt melden, wird sie schließlich aufgegriffen und auf deren Wunsch vorläufig in die Kinder- und Jugendpsychiatrie, geschlossene Abteilung, gesteckt. Hier bleibt sie wochenlang. Erst auf Betreiben eines Freundes kommt sie wieder raus und verbringt den Winter in einer Ruine oder im Freien. Sie besitzt nicht mehr als einen Schlafsack. Psychisch geht es ihr immer dreckiger. Sie lernt schließlich Junks (Fixer) kennen und läßt sich den ersten Druck setzen. Ihre Situation verschlechtert sich weiter, und sie gerät zunehmend in die Heroinabhängigkeit. Ihre Dosis steigt stetig, bis sie pro Tag mehrere hundert Mark für den Stoff braucht.

Zwar gelten Junkies auch unter den Leuten »auf der Straße« als der letzte Abschaum, doch werden sie geduldet, solange es keine Zwischenfälle gibt. Bambis Lage eskaliert vollständig, als sie bereit ist, sich für ein recht hohes Honorar von einer Zeitung interviewen zu lassen. Freimütig erzählt sie ihre Lebensgeschichte und berichtet vom Leben auf der Dom-Platte. Auch ihre Heroinabhängigkeit mit ihren 13 Jahren verschweigt sie nicht und gibt Auskunft darüber, wie sie sich das Geld beschafft.

Als der Artikel mit ihrem Bild und den Schilderungen aus der Szene erscheint, bekommt sie »Streß« auf der Platte. Eine Clique von Jugendlichen ist der Meinung, daß sie sie alle in ein schlechtes Licht gerückt habe und nun alle Welt glaube, jeder auf der Platte sei heroinabhängig. Der Konflikt geht schließlich so weit, daß ihr die Jugendlichen androhen, sie umzubringen, wenn sie sie je einmal irgendwo alleine treffen. Ein paar Tage lang schützt sie sich, indem sie sich einer anderen Gruppe anschließt, aber sie hat Angst, vielleicht einmal im Schlaf erwischt zu werden. Sie entschließt sich, mit einem älteren Bekannten nach Berlin zu gehen.

Es gibt viele Arten, wie Kinder von zu Hause weglaufen. Einige planen es lange, wählen den Tag schließlich aus und gehen. Andere entscheiden es spontan in einer Situation, die ihnen eine Möglichkeit bietet. Die einen brauchen genau einen einzigen Anlauf, und der ist dann endgültig. Die anderen unternehmen zwei Dutzend Versuche, haben längere und kürzere Zeiten, in denen sie auf der Straße leben, kehren aber immer wieder zu den Eltern zurück. Bei vielen deutet sich der Wunsch, dem Elternhaus zu entfliehen, schon darin an, daß sie vorher häufig unabgemeldet über Nacht oder über ein Wochenende wegbleiben, die Schule schwänzen und sich dabei meistens mit anderen irgendwo rumtreiben. Oft sind es Ältere, die ihnen die erste Chance eröffnen.

Ganz anders liegt es bei Kindern, die im Heim aufgewachsen sind. Bei ihnen heißt Flucht immer, daß es kein Zurück gibt, nie würden sie das Eingesperrtsein freiwillig wiederwählen. Das Leben auf der Straße scheint ihnen allemal vielversprechender.

Die Gründe für das Abhauen sind vielschichtig. Mädchen fliehen immer öfter vor sexueller Mißhandlung durch Väter, Stiefväter oder Brüder. Jugendliche, die spüren, daß sie homosexuell empfinden und dies in der Familie nicht leben oder auch nur besprechen können, sehen im Abhauen eine Lösung ihrer verqueren Lage. Mädchen, die unter starker familiärer Verarmung leiden, können auf dem Strich ihre Geldprobleme lösen. Für wie angemessen man es auch halten mag, für viele Kinder bedeutet das Abhauen aus Familie oder Heim die Lösung ihrer gegenwärtigen Probleme. Und noch eins ist deutlich: Es sind nicht nur die Kinder aus sozial-ökonomisch schwachen Schichten, die abhauen, längst hat diese Tendenz die etablierte Mittelschicht erreicht, wo die soziale Kälte, Isolation und Lieblosigkeit der Ausdruck eines nur noch an Leistung, Wohlstand und Konsum orientierten Lebens sind.

Gegen die harten Regeln der Kindheit verspricht das Leben auf der Straße Freiheit: Eltern, die Schulerfolg erwarten; Lehrer, die den Leistungsstreß verstärken, ohne den Kindern eine spätere berufliche Perspektive versprechen zu können; Nachbarn und Bekannte, die Anpassung fordern und auf Abweichung mit teilweise krasser Ablehnung reagieren - dies alles scheint auf der Straße überwunden.

Bambis Urteil allerdings über Leute, die auf der Straße leben, bietet keinen Platz für soziale Romantik. Das Leben in diesen Gruppen ist hart. Wirklichen Zusammenhalt hat sie nie empfunden, im Gegenteil: »Oft nehmen sie sich gegenseitig nur aus, das ist alles, und wenn du mal etwas zu essen hast, fressen sie dir alles so schnell es geht weg. Man meint immer«, sagt sie, »die Leute auf der Straße seien eine große Familie, aber das ist nicht so. Die Leute sind oft total scheiße drauf.« Sie sieht mich sehr ernst an und meint: »Paß auf, daß du nicht auf der Straße hängenbleibst.«

Es ist ein merkwürdiges Gefühl, einen solchen Ratschlag von einer Fünfzehnjährigen zu bekommen. Aber ich muß zugeben, sie hat mir eine Menge Erfahrungen voraus.

Die Gesellschaft am Bahnhof Zoo

Ich komme von der Kurfürstenstraße zum Bahnhof Zoo. Schon von weitem sehe ich, daß wieder viel los ist. Es ist Freitag, früher Abend. Die Leuchtreklamen ringsum strahlen bereits. Auf dem Vorplatz herrscht reger Verkehr. Riesige Busse entlassen ihre Insassen, die von hier ausströmen, um den Glamour der Weltstadt Berlin zu erleben. Einige hundert Meter weiter liegt der Ku'Damm, wo sich jetzt die Bettler, die Musikanten, die Huren in Positur bringen, um aus den nächtlichen Touristenströmen wenigstens etwas Profit zu schlagen. Wer hier ankommt, kennt das verruchte Image des Bahnhofs Zoo, mag aber doch nicht recht hinschauen. Aus den Augenwinkeln nimmt man bestenfalls ein paar runtergekommene Gestalten wahr, ansonsten ist man froh, möglichst wenig von dem Treiben hier zu sehen.

Auf einer Bank an der Hardenbergstraße liegt ein junger Mann Mitte Zwanzig, den ich vom Sehen bereits kenne. Sein Kopf hängt von der Bank herunter, als habe ihm jemand das Genick gebrochen. Er liegt völlig regungslos, und ich bleibe stehen, um ihn anzusehen. Er rührt sich nicht. Ich bin unschlüssig, ob ich etwas unternehmen soll, dann aber bemerke ich, daß er atmet und bin beruhigt. Er wird wohl nur betrunken sein. Wie schon öfter, trägt er keine Schuhe. Seine Fußsohlen sind so schwarz, als seien sie geteert worden.

Zehn Meter weiter steht ein großer, vergitterter Polizeibus. Die Tür hinten ist geöffnet, und ein Polizist steht auf dem Trittbrett. Vor ihm gestikuliert ein Betrunkener und beschimpft ihn. Immer wieder macht er ein paar unkontrollierte Schritte auf den Polizisten zu und fuchtelt mit den Armen in der Luft herum.

»Kümmert euch lieber um die Großen, die Millionen von Steuern hinterziehen, aber die laßt ihr laufen«, schimpft der Betrunkene.

»Jetzt reiß dich langsam zusammen, sonst fährst du auch noch mit.«

Ich gehe auf den ersten Eingang des Bahnhofs zu und setze mich an die Wand. Um das Geländer des U-Bahn-Eingangs sitzen und stehen rund zwanzig Leute. Unter ihnen sind wie immer Achmed und Heinz. Sie versorgen die Leute hier bis tief in die Nacht mit Dosenbier. Beide haben natürlich keinen Gewerbeschein. Sie kaufen das Bier in Billigläden, immer Paletten zu 24 Dosen, schieben sie in eine Plastiktüte und stehen mit dieser Tüte vor dem Bahnhof. Der Nachschub ist in Schließfächern untergebracht und kann so die Nacht über Palette für Palette herausgeholt werden. Achmed hat mir erzählt, daß er es an guten Tagen auf 20 bis 25 Paletten bringt, das sind immerhin 600 Dosen. Bei einem Einkaufspreis von 78 Pfennigen und einem Verkaufspreis von 2 Mark beträgt der Erlös über 700 Mark in der Nacht. Allerdings muß er alle paar Monate ein Bußgeld von mehreren tausend Mark, wie er sagt, einrechnen, denn gelegentlich überraschen ihn die Zivilpolizisten doch beim Verkauf.

Ich stehe auf und gehe zu Achmed, um mir ein Bier zu holen. Kurz bleibe ich bei ihm stehen. »Wie geht's?« fragt er. »Gut«, antworte ich. Er spricht kaum deutsch und hat Schwierigkeiten mit den deutschen Lauten, so daß eine Unterhaltung mit ihm sehr anstrengend ist.

Natürlich sind die beiden Bierverkäufer Konkurrenten. Achmed versucht sich mit dem kostenlosen Verteilen von Zigaretten einen Vorteil zu verschaffen. Als er einen Jugendlichen auf den anderen Verkäufer zugehen sieht, ruft er ihn. Dieser verändert die Richtung und kommt auf uns zu.

»Was ist?«

»Wie geht's?«

»Gut.«

»Zigarette?«

Der Jugendliche nimmt sie, und Achmed gibt ihm Feuer.

»Bier?«

»Ja.«

»Wieviel?«

»Gib mal zwei.«

Das Geschäft wird gemacht. Ich setze mich wieder an die Wand.

Der Bahnhof Zoo funktioniert wie eine Gesellschaft für sich. Wer hier oder im Tiergarten auf einer Bank pennt, braucht das Gelände nur höchst selten zu verlassen. Kinder, die hier ankommen, stoßen auf ein recht komplexes soziales Gebilde. Die Notversorgung kann über die Bahnhofsmission abgedeckt werden: hier gibt es morgens um 6 Uhr Frühstück, den Tag über trockenes Brot oder Brötchen, gegen Abend eine warme Suppe in einem Plastikbecher und nachts die übrig gebliebenen Brötchen und Früchtetee. Wer sich verletzt hat, kann sich hier »notverarzten« lassen. Auch Kleidung und Schuhe werden von der Bahnhofsmission verteilt. Und diejenigen, die sich ruhig verhalten, können sich im Vorraum auch mal aufwärmen. Ansonsten allerdings wird das meiste durch ein kleines Schiebefenster abgewickelt.

Die Gesellschaft am Zoo besteht alles in allem aus mehreren hundert Personen. Die Altersspanne reicht von unter Zehnjährigen bis weit über Sechzigjährige. Neben dem Bier sind hier alle Drogen verfügbar. Wer unter sechzehn ist, sollte sich ausweisen können und am besten über eine Meldeadresse in Berlin verfügen oder aber sich nicht von der Polizei erwischen lassen, denn sonst ist die Einweisung in den Kinder- und Jugendnotdienst so gut wie sicher.

Die Polizei besitzt eine eigene Wache im Bahnhof und patrouilliert regelmäßig. Für gewöhnlich geht sie jedoch mit den Zuständen eher gelassen um. Nur hin und wieder gibt es Großaktionen, etwa wenn die Vorderseite des Bahnhofs umstellt wird und alle Personen in einen »Kessel« genommen und ihre Personalien überprüft werden. Doch das ist selten. Natürlich aber ist der Bundesbahn die Gesellschaft am Zoo ein Dorn im Auge.

Über zehn Jahre lang war der Bahnhof Zoo für Kinder und Jugendliche ziemlich out, allzu sehr schwebte das Flair von Christiane F. über ihm. Seit allerdings immer mehr Kinder überall in Deutschland von zu Hause abhauen und auf der Straße leben, gewinnt der Zoo wieder an Bedeutung. Eine der Obdachlosenzeitungen Berlins sprach bereits von der »neuen Generation vom Bahnhof Zoo«. Wieder zeigt sich, daß der Anteil der Mädchen sehr hoch ist. Ihre »Möglichkeiten« am Zoo sind geblieben.

Aus der Tür neben mir kommen drei Männer eines Ordnungs- und Sicherheitsbetriebs. Zwei der Männer führen Schäferhunde mit Maulkorb. Sie treten vor die Tür einer Verkaufsstelle für Fahrkarten, die dem Bahnhof vorgelagert ist, und der Mann ohne Hund klopft an. Die Tür wird ihm geöffnet, die beiden anderen stellen sich rechts und links davon auf und befehlen den Hunden »Sitz!«. Kurz darauf kommt der dritte wieder mit einer Frau heraus, die einen schwarzen Koffer mit der Tageseinnahme hält. Die beiden gehen voran, die Männer mit den Hunden folgen ihnen.

Der junge Mann von der Bank kommt barfuß auf mich zu, brummelt irgend etwas und legt sich an die Wand. Er zieht die Beine an, legt den Kopf auf den einen Arm und schläft wieder ein.

Eine Gruppe von Jugendlichen albert herum. Einer, der Lulli heißt, greift einem Mädchen von hinten an die Brust und meint »Gib sie her«. Das Mädchen rührt sich nicht und sagt etwas, das ich nicht verstehe. Der Junge lacht und schaut in die Runde, dann sagt er: »Du kannst mir gerne einen blasen.«

Das Mädchen dreht sich um. »Den Kleinen?«

»Den Kleinen? Paß bloß auf, wenn der groß wird.«

Sie greift ihm an die Hose. »Da ist ja gar nichts!« Sie dreht sich zu den anderen, und alle gröhlen vor Lachen.

Unmittelbar vor mir bleiben ein älterer Mann und eine Frau stehen. Die Frau dreht dem Mann das rechte Bein zu und zieht das Hosenbein leicht hoch. Knapp über dem Knöchel kommt eine pralle, rote, eiternde Geschwulst zum Vorschein. Die Naht des Stoffs ist aufgetrennt, damit die enge Hose nicht auf die Wunde drückt. Eine Jugendliche kommt zu ihnen. »Wenn ihr jemanden wißt, der eine Jeans in meiner Größe gebrauchen kann, ich hab eine, nagelneu.« Sie knöpft ihre Hose auf und zeigt eine zweite Jeans darunter. Vermutlich kommt sie gerade aus einem Kleidungsgeschäft. Die Frau mit der Wunde zieht das Hosenbein wieder vorsichtig zurecht.

Der eigene Körper hat für viele hier keine besondere Bedeutung, er zeigt die Verwahrlosung am deutlichsten. Noch am ehesten sind es die Kinder und Jugendlichen, die ihren Körper zu schützen versuchen. Allerdings hat die Marter des eigenen Körpers auch bei ihnen feste Rituale. Das verbreitetste ist das Tätowieren mit einer Rasierklinge, wie es etwa Ben und Manni machen. Auch viele Mädchen lassen sich tätowieren. Seitdem der Ohrring zur gängigen Mode auch bei Männern gehört, haben sich viele neue Stellen für Ringe ausgedacht: die Nase, die Augenbraue, die Lippe und manche Mädchen selbst die Brustwarze. Einige versuchen sich auch Sicherheitsnadeln durch die Wangen zu ziehen und geben ihre Versuche erst auf, nachdem sich die Stelle immer wieder entzündet hat.

Bei einem Leben auf der Straße wird der eigene Körper oft zu einer Belastung, zu einer permanenten Qual, die nur mittels Drogen »vergessen« werden kann. Schon das Schlafen ist eine Strapaze. Wohin soll man sich legen, wenn man ein paar Stunden am Stück Ruhe haben und nicht schon nach einer halben Stunde jeden Knochen spüren will? Wer auf der Straße, mitten in einer Großstadt, in Lärm und Dreck und Kälte übernachten muß, hat nicht gerade einen entspannten und gesegneten Schlaf. Das zermürbt. Es sei denn, man betäubt sich vorher mit Alkohol, um die eigene Schutzlosigkeit und die Kälte nicht mehr zu spüren. Aber dann wird der Morgen um so härter.

In Berlin werden jährlich über zwanzig nicht identifizierbare Leichen von Obdachlosen gefunden. Fast immer sind es alte Menschen, die sich irgendwo in eine Ruine zurückziehen, sich wahrscheinlich krank fühlen und schließlich sterben, im Winter sicherlich auch erfrieren.

Ständig präsent: Polizisten am Bahnhof Zoo

Zwei Polizisten, die gerade ihre Runde drehen, bleiben vor mir und dem Schlafenden stehen. Der eine stößt ihm immer wieder gegen die Beine, der andere spricht mich an: »Machen sie bitte den Eingangsbereich frei.«

Ich stehe auf. »Der kann nicht aufstehen, der ist doch völlig besoffen«, sage ich.

»Das interessiert hier nicht.«

»Junger Mann, erheben Sie sich und verschwinden Sie hier.«

Er wird tatsächlich wach und rappelt sich auf. Aus verquollenen Augen sieht er die beiden Polizisten an. »Laßt mich in Ruhe, ihr Arschlöcher.« Dann trottet er weg.

Ich gehe durch die Halle zur anderen Seite, »nach hinten«. Hier in der Jebensstraße ist der Schwulenstrich, alle zehn Meter steht ein junger Mann auf dem Gehsteig. Weiter Richtung Hertzallee kommt die Bahnhofsmission. Aus ein paar Backsteinen und einigen Brettern ist auf dem Gehsteig vor der Mission im Viereck eine Art Bank aufgebaut. Als ich ankomme, sitzen schon vier Jugendliche dort. Ich trete an das Schiebefenster und lege ein 2-Mark-Stück auf das Fensterbrett.

Ein Zivildienstleistender auf der anderen Seite schenkt mir Früchtetee in einen Kunststoffbecher. Wer den Becher zurück bringt, bekommt später seine 2 Mark zurück.

Ich setze mich zu den Jugendlichen, die ich alle nicht kenne. Der Tee ist wieder mal viel zu süß.

Erneut ist die erste Frage die nach Zigaretten. Ich stelle allen meinen Tabak zur Verfügung und fange an zu fragen.

Die beiden Mädchen sind 15 und 16, die beiden Jungen 17 und 20 Jahre alt. Nur der älteste hat eine Wohnung. Aber auch die wohl nicht mehr lange, wie er meint. »Wasser und Strom hab ich schon nicht mehr. Bin arbeitslos.« Er macht eine kurze Pause. »Neulich hab ich meine Freundin mit unserem Baby vor die Tür gesetzt. Es ging einfach nicht mehr. Alles ziemliche Scheiße. Bin gespannt, wann mich die Wohnungsgesellschaft rausschmeißt.«

In der vergangenen Nacht haben alle vier bei ihm geschlafen. Sein Freund schläft aber für gewöhnlich in einem Bauwagen der Firma seines Onkels.

Die beiden Mädchen kommen aus Thüringen. Die eine ist aus einem Heim abgehauen, in dem sie ihre gesamte Kindheit verbracht hat. Sie heißt Tina. Ihre Eltern sind bei einem Auto-unfall ums Leben gekommen, als sie selbst noch ein Säugling war. Sie hat auf dem Rücksitz überlebt. Kurzzeitig war sie adoptiert, wurde dann aber doch zurück ins Heim gegeben. Das Heim war die Hölle, aber an Ausreißen war zu DDR-Zeiten nicht zu denken. Inzwischen hat sie mehrere Fluchtversuche unternommen, sogar schon einmal einen Winter auf der Straße überstanden. Sie wurde aber schließlich aufgegriffen.

Das andere Mädchen ist von ihren Eltern abgehauen. Sie heißt Chris. Beide haben sich in Halle kennengelernt und beschlossen, zusammen nach Berlin zu gehen. Angekommen sind sie vor zwei Tagen hier am Bahnhof Zoo.

Die beiden Mädchen leihen sich meinen Becher und holen sich Tee. Ihre Habseligkeiten haben sie vorläufig bei dem Zwanzigjährigen gelassen. Dieser fragt mich plötzlich: »Haste 'n Stein?« Ein »Stein« ist ein Brocken Haschisch.

»Nee.«

Er sieht die beiden Mädchen an. »Los, geht doch mal schnorren, damit wir noch einen besorgen können.«

Die Mädchen schauen sich an, dann schlägt die jüngere der älteren gegen die Schulter und meint »Los!«. Sie rennen vor in die Bahnhofshalle als ginge es zum Ballspielen.

»Es ist immer besser, wenn man die Mädchen zum Schnorren schickt. Die kriegen mehr«, meint der ältere.

»Klar«, antworte ich.

»Außerdem haben sie noch einen Vorteil.«

»Welchen?«

»Wenn man mal ein bißchen mehr Kohle braucht, können sie anschaffen. Die Blonde sieht doch wohl gut aus. Guck dir mal die Titten an, die die schon hat.«

»Ihr wollt die beiden doch wohl nicht auf den Strich schikken?«

»Quatsch. Ich mein bloß. Die sind auch gar nicht so drauf.« Er macht eine kurze Pause. »War nicht viel drin heute nacht.«

»Du kannst ja auch anschaffen gehen«, sage ich.

»Ey, Alter, ehe ich den perversen Schweinen meinen Arsch hin halte, verhunger ich lieber.«

Plötzlich kommt Tina zurück, alleine. Sie weint. Hinter ihr her kommen einige Jugendliche. Ein Mädchen schreit ihr nach: »Lauf ja nicht weg, ich sag's dir!«

Sie setzt sich zu uns, und nach und nach kommen immer mehr Jugendliche zu uns, wie ein Troß. Das Mädchen an der Spitze, das ich flüchtig vom Zoo kenne, stellt sich neben Tina und setzt den Fuß auf das Brett. »Du brauchst jetzt gar nicht heulen. Erst eine große Fresse und dann heulen, wa?«

»Was ist denn los?« will ich wissen.

»Sie hat mich beleidigt.«

»Aber du hast ihr ja wohl schon eine verpaßt, dann ist es doch jetzt okay.«

»Gar nichts ist okay.«

Inzwischen stehen sieben Jugendliche um uns herum, fünf Jungen und zwei Mädchen. Alle Augenpaare sind auf die zwei gerichtet.

»Sag nie wieder Schlampe zu mir, hast du verstanden?«

»Du hast ja auch Schlampe zu mir gesagt«, schluchzt Tina, da bekommt sie auch schon zweimal mit voller Wucht die Faust des Mädchens ins Gesicht. Hart ist das Aufschlagen auf dem Wangenknochen zu hören.

»Hey!« schreie ich dazwischen, »es reicht!«

Das Mädchen sieht mich völlig gelassen an. »Halt dich da raus.« Sie wendet sich wieder Tina zu. »Du kriegst so lange in die Fresse, bis du das Wort nie wieder in den Mund nimmst. Hast du verstanden? - Ob du verstanden hast, hab ich gefragt!«

Tina schluchzt nur.

Ein Junge setzt sich auf die freie Seite neben ihr. »Es ist besser, wenn du ihr eine Antwort gibst.«

Tina nickt. Da treffen sie erneut zwei Faustschläge. »Ich will ganz deutlich Ja hören, hast du verstanden?«

»Jetzt reicht's langsam«, sage ich dazwischen und glaube an meine Erwachsenenautorität. Zwei der Jungen um uns rum kommen auf mich zu und setzen sich rechts und links neben mich. Ich fühle mich wie in einem billigen Spielfilm. »Du solltest dich besser da raus halten. Das geht hier nur zwischen den beiden ab, klar?«

Ich spüre, wie ich weiche Knie bekomme - und habe Angst.

»Ich habe dich gefragt, ob du mich verstanden hast.«

Der Junge neben Tina sagt noch einmal: »Gib ihr eine Antwort, und du bekommst keinen Ärger.«

»Ja«, schluchzt Tina, die einen Fuß auf ein Brett in der Mitte unseres Vierecks, das als Tisch dient, gesetzt hat.

»Okay«, sagt das Mädchen.

»Nimm den dreckigen Fuß von dem Tisch«, meint der Junge jetzt, und einige der um uns Stehenden kichern. »Ja, nimm den Fuß runter, da wollen andere noch von essen.« Es ist absurd, aber überhaupt nicht witzig. Jetzt wird sie klein gemacht.

Die Situation bleibt explosiv. Ich bin nicht in der Lage einzuschätzen, was man jetzt besser nicht tun sollte. Tina jedenfalls scheint die Gefahr von sich abgewendet zu haben. Wer jetzt etwas Falsches tut oder sagt, zieht garantiert die Aggressionen auf sich. Ich bin völlig eingefroren und überlege, was ich tun kann.

Erst jetzt kommt Chris zurück. Sie scheint das alles nicht mitbekommen zu haben. Mit einem etwas unsicheren Gesichtsausdruck kommt sie langsam näher und setzt sich dann auf das letzte noch freie Stück Brett.

»Warum bist du nicht so vernünftig wie deine Freundin«, nimmt das Mädchen die Auseinandersetzung noch einmal auf. »Die bekommt hier keinen Ärger. Wenn du hier noch länger mit den Leuten klarkommen willst, solltest du dich auch etwas mehr anpassen. Erst recht, wenn man ein Ossi ist. Wer hier neu ist, sollte die Fresse nicht zu weit aufreißen. Verstanden?«

»Ja.«

»Na, also, du bist ja lernfähig.«

Noch einmal mischt sich der Junge neben Tina ein. »Hier müssen alle miteinander klarkommen, verstehst du? - Verstehst du?«

»Ja, Mensch.«

»Jetzt werd nicht schon wieder frech.«

Das Mädchen wendet sich den beiden Jungen zu: »Seid ihr die Freunde von den beiden?«

»Nee«, sagt der Ältere schnell, »wir haben uns gestern kennengelernt.«

»Ihr seid auch ziemlich neu hier, oder?«

»Ach, wir waren schon ein paarmal hier. Wir sind aus Berlin.«

»Dann paßt mal lieber ein bißchen auf die beiden auf, wenn ihr noch was von denen haben wollt. Besonders auf die hier.« Das Mädchen tippt Tina gegen die Schläfe.

Allmählich entspannt sich die Atmosphäre wieder. Ich bin ziemlich geschlaucht und atme tief durch.

Wie die Erwachsenen hier am Zoo ihr soziales System haben, so auch die Kinder und Jugendlichen. Auch sie besitzen eine Ordnung mit Hierarchien, mit Abhängigkeiten und mit Vorherrschaft. Muß dieses System verteidigt werden, greifen auch die Mädchen zur Gewalt. Vermittelt der Name »Bahnhof Zoo« Kindern überall in Deutschland etwas verrucht Geheimnisvolles, so verliert er das für viele, die hier ankommen, sehr schnell wieder. Solche Kids suchen lieber den Kontakt zu den Besetzerszenen, so wie Frosch und Joiny, die der Zoo anekelte, als sie hier die ersten Stunden verbrachten.

Wer sich am Bahnhof Zoo Feinde macht, sollte sich lieber früher als später wieder verabschieden. Allerdings ist es nicht ganz einfach herauszufinden, was eine Regelverletzung ist bzw. wem gegenüber man sich was »herausnehmen« darf, zumal es überhaupt eine gewisse Zeit braucht, bevor erkennbar wird, wer zum Kern gehört und wer nur sporadisch auftaucht. Außerdem gibt es welche, die zwar nur selten auftauchen, aber trotzdem ein hohes Ansehen genießen, vielleicht weil sie aus einem Hintergrund heraus »organisieren«.

»Siehst du«, sagt der Jugendliche neben mir, »so was muß hier geklärt werden.«

»Tja...« sage ich und atme tief aus.

Ich entschließe mich, einen kleinen Spaziergang zur Gedächtniskirche zu machen. Zur Entspannung.

Auf der Hardenbergstraße sehe ich einen Jugendlichen, der die Passanten mit einem weißen Plastikbecher in der Hand anbettelt. Er trägt eine schwarze Lederhose und Lederjacke, dazu schwarze hohe Stiefel. Sein blondes Haar ist lang und völlig verfilzt. Das rechte Bein zieht er nach; der Schuh schleift dabei immer kurz über den Boden.

Er wechselt die Straßenseite und geht dann ins McDonald's, wo er die Anstehenden anschnorrt. Alle schütteln den Kopf. Dann kommt ein Mann um die Theke, greift ihm an den Arm und schiebt ihn zurück zur Tür. Den Wortwechsel verstehe ich nicht. Das überall Vertriebenwerden ist eine der durchgängigsten Erfahrungen von Straßenkindern.

Der Junge geht weiter, um die Gedächtniskirche herum, die Tauentzienstraße Richtung Wittenbergplatz. Solange ich ihm folge, gibt ihm niemand etwas. Am Wittenbergplatz wechselt er die Methode. An einer Imbißbude spricht er einen Mann an, der gerade eine Bratwurst ißt. Sie scheinen sich zu unterhalten, schließlich gibt ihm der Mann die letzten Bissen der Wurst und geht. Der Junge dreht sich um und spricht den Mann in dem Stand an, bis der ihm einen halben Becher Cola herausreicht.

Der Junge geht in den Bahnhof und verschwindet zu den U-Bahnen. Ich kehre um zur Gedächtniskirche. Dort setze ich mich auf eine Bank und beobachte das Treiben zwischen den

Porträtmalern, Musikanten, Schmuckverkäufern, Drogendealern und welchen, die wie ich einfach nur rumhängen.

Eine Gruppe ausländischer Männer schart sich um ein blondes Mädchen. Besonders einer von ihnen ist in seinen Angeboten sehr direkt, er sei verliebt in sie und sie solle doch mit zu ihm kommen. »Du willst ja bloß das eine«, entgegnet sie naiv.

Sie ist relativ groß und kräftig, trägt einen kurzen Rock und hohe Stiefel. Unentwegt grabscht irgendeiner der Männer an ihr rum. Schließlich »baut« einer von ihnen einen Joint, raucht ihn an und gibt ihn ihr. Als sie ihn weiterreicht, lehnen einige ab, die anderen ziehen einmal und geben ihn dann weiter. Immer wieder wird ihr der Joint gegeben, die Absicht ist eindeutig, jedenfalls aus meiner Sicht. Aber als der Verliebte allzu zudringlich wird, wendet sie sich von der Gruppe ab und stellt sich beleidigt zu zwei anderen Mädchen. Für sie scheint das Erotische ein Spiel zu sein, das mit Sex noch nichts zu tun hat, der Ernst der Männer dabei hat für sie etwas sehr Bedrohliches. Um sich zu schützen, inszeniert sie »die Beleidigte«, was die Männer wieder auf Distanz bringt. Sie wollen sie nicht ganz verprellen.

Zwischen 1 Uhr und 3 Uhr nachts erfährt der Breitscheidplatz eine wundersame Verjüngung. Während die Touristen allmählich rar werden und sich die Älteren, die sich hier den Abend über aufhalten, ebenfalls langsam verziehen, sind es die Jugendlichen aus den umliegenden Discos, die den Platz bevölkern. Hier essen sie Pommes oder Döner, kiffen oder erholen sich einfach nur von der Hitze in den Discotheken.

Ich gehe wieder Richtung Bahnhof Zoo. Für heute nacht habe ich mir vorgenommen, in der Bahnhofsmission zu schlafen. Mich interessiert, wie es darin zugeht. Unterwegs nähert sich mir jemand langsam und fragt mich, kaum die Lippen bewegend: »Brauchste was?«

Ich schaue ihm in die Augen und schüttle leicht den Kopf.

Am Bahnhof will ich um die Aufzüge herumgehen, die etwa Rollstuhlfahrern den Zugang zur U-Bahn ermöglichen. Da stehe ich im Dunkeln plötzlich vor einer alten Frau, die stehend den nackten Hintern zur Wand streckt und in einem dicken Strahl nach hinten pißt. Den Rock hat sie auf den Rücken hoch geworfen, die Unterhose hängt auf den Knien und zwischen ihren Füßen rinnt der Urin von der Wand über den Asphalt. Ich drehe mich um und gehe zur anderen Seite.

Die Erwachsenen am Geländer des U-Bahn-Eingangs sind inzwischen fast alle völlig betrunken. Zwei Männer sind offenbar aufeinander losgegangen, einem von ihnen läuft das Blut aus der Nase, aber ein Kleiner mit einer Kappe auf dem Kopf steht zwischen ihnen und redet relativ nüchtern auf sie ein. Ich kenne ihn. Er wohnt gleich in der Nähe in einem Wohnwagen und ist der Initiator der Obdachlosenzeitung *Die Platte*. Es gelingt ihm, die Gemüter zu beruhigen.

Ich gehe weiter nach hinten, in der zweiten Halle jedoch entschließe ich mich, einige Zeit zu beobachten, was um diese Zeit alles passiert. Es ist kurz vor 24 Uhr. Eine Reinigungsmaschine fährt hin und her, ein Mann leert die Mülleimer an den Wänden, und zwei Polizisten kommen von oben von den Bahnsteigen herunter und setzen ihre Runde fort, gehen nach draußen. Von hinten kommen drei von Bambis Freundinnen und gehen nach vorne. Plötzlich sehe ich einen Jungen um die Reinigungsmaschine laufen, er beobachtet sehr genau die Bürsten und geht neben der Maschine her. Ich halte ihn für höchstens 10 Jahre alt, er scheint alleine zu sein. Mit der Maschine wendet auch er und kommt in meine Richtung. Immer wieder beugt er sich nach unten und versucht offenbar, genauer zu sehen, wie sich die Bürsten bewegen. Dann rennt er auf einmal zu einer Frau, die auf der Treppe sitzt. Sie raucht. Der Junge läuft wieder von ihr weg.

Ich krame meinen Tabak heraus, nehme ein Blättchen und fange an, eine Zigarette zu drehen. Ich lasse mir Zeit und modelliere lange an ihr herum, damit sie nicht allzu peinlich aussieht. Trotzdem erscheint sie am Ende eher wie gefaltet als gedreht. Ich erhebe mich und gehe auf die Frau zu.

»Hast du mal Feuer?«

Sie streckt das rechte Bein aus und greift in ihre Hosentasche. Ich setze mich neben sie und stelle den Rucksack ab. Sie gibt mir Feuer.

»Danke.«

Sie nickt.

Der Junge kommt zu uns gerannt und betrachtet mich. Er sagt etwas, aber ich kann ihn nicht verstehen, weil die Maschine gerade auf unserer Höhe ist. Der Junge macht einen leicht mongoloiden Eindruck. Er rennt wieder in die Halle.

»Dein Sohn?«

»Ja.«

»Und ihr seid so spät noch hier?«

»Hm-m.«

»Muß er nicht langsam ins Bett?«

»Geht nicht.«

»Warum nicht?«

»Wir können nicht in die Wohnung.«

»Wie?«

»Ja, wir teilen uns eine kleine Wohnung mit einem Mann, der Schicht arbeitet. Immer wenn der schlafen muß, müssen wir raus aus der Wohnung. Zur Zeit hat er Frühschicht. Um 6 Uhr können wir wieder rein.«

Der Junge kommt wieder und erzählt mir etwas. Ich verstehe ihn nicht, lächle aber und nicke heftig mit dem Kopf. Weg ist er.

»Und dann müßt ihr jede dritte Woche die Nächte draußen verbringen?«

»Ja.«

»Aber das ist doch beschissen für ihn«, ich deute mit dem Kopf in die Richtung des Jungen.

»Ach, das macht ihm gar nicht so viel aus. Ich meine, Kinder müssen sich früh umsehen in der Welt, wie es so zugeht. Wie hart es ist.«

Ich stoße Luft durch die Nase und nicke leicht. Wahrscheinlich hat mein Gesicht einen verständnislosen Ausdruck. »Ja, das stimmt doch«, bekräftigt sie.

Ein Mann kommt und will die Treppe reinigen. Wir müssen aufstehen. Eine Weile beobachte ich den Jungen noch. Er läuft kreuz und quer durch die Halle, schaut mal hier und mal da, spricht auch schon mal jemanden an, wenn er eine Entdeckung gemacht hat. Gelegentlich läuft er zu seiner Mutter, die jetzt rauchend an einer Wand lehnt, sagt etwas, worauf sie nickt. Dann rennt er wieder los. Langweilig scheint es ihm jedenfalls nicht zu sein.

Ich gehe nach hinten zur Bahnhofsmission. Es sind jetzt andere dort, wieder aber ist die Besetzung jung. Neben Lulli und dem Mädchen stehen und sitzen noch einige andere herum. Einen kenne ich mit Namen, er heißt Freddy. In der rechten Hand hält er ein eingewickeltes Päckchen. Am Schiebefenster der Mission steht ein Mädchen, das ein weißes Sommerkleid und Sandalen ohne Strümpfe trägt. In der Hand hält sie einen kleinen, sehr alten Koffer. Das Fenster ist geschlossen, und innen ist ein Rollo heruntergelassen.

»Warum ist denn zu?« frage ich Lulli.

»Ach, sie hatten vorhin mit einem Streß, da haben sie zugemacht. Die machen schon wieder irgendwann auf.«

Ein Jugendlicher spielt mit einem Butterfly, einem Klappmesser herum und fabriziert irgendwelche Kunststückchen damit.

»Gib nicht so an«, sagt einer, »das kann doch jeder.«

Zwei alte Männer stoßen zu uns und treten an das Fenster.

Lulli meint zu ihnen: »Klopft jetzt ja nicht an, dann machen sie erst recht nicht auf. Obwohl - mir kann's egal sein, den Tee sauf ich sowieso nicht.«

»Hey, Franz«, schreit Freddy plötzlich auf, »was hast du denn da wieder alles in der Tasche?«

Einer der beiden Alten hält zwei Plastiktüten in der Hand. Ich kann nicht sehen, was drin ist, aber Freddy sieht immer wieder abwechselnd hinein und zu uns in die Runde.

»Ich bring mir mein Bier selber mit«, meint der Alte.

»Das ist doch viel zuviel für dich, Franz.« Freddy greift an eine der Tüten.

»Hau ab!«

Freddy zieht die Hand gespielt respektvoll zurück und schaut ernst in die Runde.

Das Fenster geht auf und wir versorgen uns mit Früchtetee und Brötchen. Freddy steht jetzt hinter dem Alten, der die Tüten kurz abstellt, um seinen Becher und das Brötchen nehmen zu können. In dem Augenblick greift Freddy in die eine Tüte, nimmt eine Dose Bier heraus und gibt sie blitzschnell Lulli. Der wiederum wirft sie mir zu, und ich lasse sie unter der Jacke verschwinden. Der Alte hat nichts gemerkt, nimmt nun seine Siebensachen wieder und geht.

»Das war nicht schlecht«, meint Lulli zu mir.

»Mach auf«, sagt Freddy.

»Paß auf, die schäumt jetzt.«

Wir drei setzen uns auf eines der Bretter. Ich ziehe den Ring der Dose hoch und stülpe sofort meinen Mund auf die Öffnung. Wir trinken.

»Der hatte genug davon«, sagt Freddy, »der kann ruhig eine abgeben. Oder?«

»Klar«, sage ich, »so viel Alkohol ist auch nicht gesund.«

Freddy lacht laut los. »Das stimmt«, sagt er, »das stimmt.«

Für heute scheint mir meine »Integrierung« gelungen zu sein. Eine Weile unterhalten wir uns über Belanglosigkeiten.

»Wer ist eigentlich die da?« fragt Freddy und deutet auf das Mädchen in dem weißen Kleid.

»Keine Ahnung«, meint Lulli.

Ich zucke mit den Schultern.

Freddy geht zu ihr. »Was machst denn du hier?«

»Ich muß morgen früh mit dem ersten Zug nach Hamburg in eine Klinik, ich werde untersucht.«

Freddy schaut an ihr herunter, dann bückt er sich und betrachtet ihre Beine, die voll sind von roten Flecken. »Was haste denn da?«

»Das ist nur eine Allergie.«

»Eine Allergie, so, so...«, meint Freddy und sieht zu uns herüber. Wahrscheinlich hält er die Flecken eher für entzündete Einstichstellen.

Lulli interessiert sich nicht für das Mädchen und geht zu einer etwas abseits stehenden Gruppe. Er streicht dem Mädchen, dem er zuvor schon an die Brust gefaßt hatte, über den Hintern. Sie dreht sich um. Er legt die Hände auf ihr Hinterteil, woraufhin sie kurz hochspringt und die Beine um seine Lenden legt. Lulli macht ein paar Schritte nach vorne, stützt das Mädchen gegen die Hauswand und brüllt: »Ah, ich fick dich!« Sie machen ein paar Hüftbewegungen, dann läßt er sie wieder herunter.

Freddy hat sich zwischenzeitlich wieder zu mir gesetzt. Jetzt hält er mir das eingewickelte Päckchen hin. »Kann ich wohl die *guns* ein paar Minuten bei dir lassen?«

»Guns« sind Spritzen.

»Sind 35 Stück, hab ich für 'nen Bekannten besorgt.«

Ich nicke, und er verschwindet. Obwohl ich zuerst ganz naiv Ja gesagt habe, glaube ich auch nach einem kurzen Überlegen nicht, daß es riskant ist, die Spritzen bei sich zu haben, denn hier am Bahnhof Zoo gibt es sogar Spritzenautomaten, wie an anderen einschlägigen Orten in Berlin, damit sich die Junkies Tag und Nacht mit sauberen Spritzen versorgen können.

Allmählich hängen weniger Leute um die Mission herum. Etwas ab von mir steht ein Mann im Dunkeln, den ich noch gar nicht bemerkt hatte. Das Mädchen im weißen Kleid leiht sich meinen Becher und holt Tee, dann stellt sie sich neben mich.

»Was treibst du so?«

»Ich muß morgen früh mit dem ersten Zug nach Hamburg in eine Klinik, ich werde untersucht.«

»Aha.« Ich sehe ihr an, daß sie friert. Es ist inzwischen für die Jahreszeit recht kühl nachts. »Und jetzt wartest du hier solange?«

»Ja.«

Ich weiß nicht, was ich von ihr halten soll. Sie kommt mir irgendwie schrecklich verloren vor. Noch einmal geht sie sich einen Tee holen und bleibt dann zwar an der Wand stehen, schaut aber zu mir herüber und sagt gelegentlich einen Satz in meine Richtung.

Der Mann aus dem Dunkeln nähert sich uns jetzt. Er sieht das Mädchen an, stellt sich aber zu mir. Sie sagt irgend etwas, und er lacht, obwohl es nichts Witziges war. »Die Kleine ist auch eine Nudel«, sagt er und setzt sich neben mich. Ich sehe, daß er keinen einzigen Zahn mehr im Mund hat. Seine Kleidung ist allerdings sehr korrekt: schwarze Hose, polierte schwarze Schuhe, Hemd, Sakko. Natürlich hat er es auf das Mädchen abgesehen.

Freddy taucht wieder auf, nimmt seine *guns* und läuft erneut weg. Kurz drauf ist er schon wieder zurück, ohne die *guns*. Er stellt sich zu dem Mädchen. Der Mann neben mir steht auf und geht wieder ein paar Meter weiter.

»Wenn du 'ne Penne brauchst«, meint Freddy zu ihr, »kannste bei mir pennen. Wenn du willst, können wir sofort gehen.«

Sie reagiert nicht, sondern schaut zu mir herüber. Freddy beugt sich vor und flüstert ihr ins Ohr.

»Nee«, höre ich sie sagen.

»Mensch, Alter, ey«, er wendet sich zu mir und greift sich an die Hose, »ich krieg schon vom Erzählen ein Rohr...« und lacht.

Das Mädchen interessiert sich aber überhaupt nicht für ihn und reagiert nicht. Immer wieder sieht sie mich an, und ich gewinne den Eindruck, daß sie auf mich »wartet«. Sie friert, ist müde, und sicher würde sie jetzt gerne irgendwo im Warmen schlafen. Vielleicht spekuliert sie darauf, daß ich sie irgendwohin mitnehme. Als sie auf mich zukommt, um mir den Becher zu geben, halte ich sie am Armgelenk fest:

»Du brauchst nicht auf mich zu warten, ich hab keine Penne.«

Freddy schaut mich verdutzt an und lacht dann. »Ey, Alter, voll cool.«

Sie stellt sich wieder an die Wand.

Freddy scheint trotzdem aufgegeben zu haben und geht nach vorne. Kurz darauf nimmt das Mädchen ihren Koffer und geht die Straße hinunter. Der Mann aus dem Dunkeln wählt schließlich ebenfalls diese Richtung.

Ich trete an das Fenster der Mission. »Kann ich noch ein Zimmer bekommen?«

Der Zivildienstleistende schaut mich überrascht an und macht mich auf eine Unangemessenheit in meiner Frage aufmerksam. »Sie meinen ein Bett?«

»Klar«, mime ich den Coolen.

»Besitzen Sie einen gültigen Fahrausweis?«

»Nein.«

»Sind Sie in Berlin gemeldet?«

»Nein.«

»Eigentlich kann man bei uns nur übernachten, wenn die Zugverbindung nicht mehr geklappt hat.«

»Ach...«, sage ich ungläubig.

»Wir können natürlich Ausnahmen machen. Haben Sie Geld?«

»Wieviel brauche ich denn?«

»Die Übernachtung kostet 20 Mark.«

Ich bin über den hohen Preis ziemlich überrascht. Trotzdem sage ich »Okay«.

»Können Sie sich ausweisen?«

»Ja.«

»Dann kommen Sie bitte rein.«

Ich trete die zwei Schritte zur Tür, der Öffner summt. Drinnen ist es ziemlich warm. Der junge Mann füllt einen Anmeldebogen aus, den ich unterschreiben muß, trägt mich in eine Zimmerliste ein und zeigt mir mein Bett in der Vier.

Die Zimmer sind hier eher Kabinen. Sie haben keine Fenster, zwei Stockbetten und davor ungefähr zwei Quadratmeter Platz. Die Heizung ist nicht abstellbar. Die Luft ist so trocken, daß ich in der Nacht mehrere Male wach werde, weil Mund und Lippen ausgetrocknet sind. Nach mir sind noch zwei Männer gekommen, von denen der im Bett unter mir ausgesprochen laut schnarcht. Trotzdem fühle ich mich wohl: Es ist warm und ich liege in einem richtigen Bett, auch wenn nach fünfeinhalb Stunden die Nacht vorbei ist. Um sieben Uhr ist Wecken.

Die beiden Männer in den unteren Betten zünden sich Zigaretten an und reden. Wie immer morgens komme ich nicht hoch und döse weiter. Einer der Männer fängt ekelhaft an zu husten. Dann gehen sie in den Waschraum. Kurz darauf geht die Tür auf. Die Weckerin sieht herein. »Stehen Sie jetzt bitte sofort auf!«

»Ja.«

Ich könnte jetzt stundenlang hier einfach so liegen.

Ich ziehe mich an und suche den Waschraum. In der Nacht hat irgend jemand in die Dusche geschissen. Die Weckerin spritzt alles mit einem Schlauch ab. Ich belasse es bei einer Katzenwäsche.

Zum Frühstück gibt es zwei Brote mit Margarine und Pflaumenmus, dazu Kaffee, bei dem man einfach wach werden muß. Ich sitze an einem Tisch in einem großen Raum, in dem zusammengeklappte Feldbetten an der Wand stehen. Die meisten, die hier übernachtet haben, hocken schon in dem Raum am Eingang, wo sie rauchen dürfen.

Am Tisch neben mir sitzen die zwei Männer aus meinem Zimmer. Sie haben jeder nur eins von ihren Broten gegessen und fragen mich, ob ich die übrigen haben will. Ich nehme sie und hole mir noch einen Kaffee. Einer der beiden ist Pole und versteht sehr schlecht Deutsch. Der andere, er ist unüberhörbar Sachse, redet auf ihn ein.

»Komm doch mit mir, ich zeige dir den Hafen. Sie haben hier einen schönen Hafen. Den kannst du dir mal angucken. Mit Schiffen und allem.«

Der Pole scheint nicht sonderlich interessiert an Häfen, sagt aber auch nicht, was er vorhat. Als er auf die Toilette geht, dreht sich der andere zu mir. »Der hat jede Menge Schnaps in seiner Tasche.«

Ich lache.

Die Mission hat sich ziemlich geleert, ich sitze an dem Tisch und starre durch die Vorhänge nach draußen. Es wird ein schöner Tag. Einer, an dem Familien Fahrradausflüge unternehmen und abends im Garten grillen. Ich weiß nicht, was ich den Tag über tun werde.

Die Weckerin kommt auf mich zu. »Wie lange wollen Sie hier noch sitzen. Eigentlich müssen Sie bis 8 Uhr 30 raus sein.«

»Wußte ich nicht.«

Vorne im Büro frage ich, ob sie zwei Pflaster für mich haben. Meine Stoffturnschuhe haben meine Fersen aufgerieben. Ich bekomme sie. Auf einem Stuhl sitzt ein sehr dicker Jugendlicher, der auf einen Rückanruf wartet. Er braucht unbedingt irgendwelche Medikamente.

»Können wir nicht noch mal anrufen?« fragt er die Frau am Schreibtisch.

»Wir haben doch die Nachricht hinterlassen, daß sie uns dringend zurückrufen soll. Das wird sie wohl tun, wenn sie wieder da ist.«

Draußen ist schon ziemlich viel los. Ich gehe in eine der Hallen und setze mich an die Wand. Auf einem Kunststoffkasten an der Rückseite des Zeitungskiosks sitzt eine Gruppe Jugendlicher, darunter das Mädchen, mit dem Lulli in der Nacht etwas rumgemacht hatte. Wieder steht sie mit einem Jugendlichen umschlungen. Sie sieht ziemlich verquollen aus, wahrscheinlich hat sie hier in irgendeiner Ecke versucht, wenigstens ein bißchen zu schlafen.

Zwei Polizisten kommen von vorne durch die Halle und treiben die Gruppe nach draußen. Mich lassen sie sitzen, vielleicht rettet mich meine Ähnlichkeit mit Rucksacktouristen. Kurz drauf sitzt die Gruppe wieder auf dem Kasten.

Die Löwin geht durch die Halle. Sie sieht fast nur auf den Boden, ihr Haar hängt ihr tief ins Gesicht.

Einer der Jugendlichen wird auf mich aufmerksam und scheint eine abfällige Bemerkung in meine Richtung zu machen. Ich verstehe ihn allerdings nicht zwischen all den Menschen und den Lautsprecheransagen. Das Mädchen dreht sich ein Stück zu mir und sagt laut an die Adresse des Jungen: »Laß ihn in Ruhe.«

Wieder kommen die Polizisten, wieder muß die Gruppe vor die Tür, wieder stehen ein paar Minuten später alle erneut an dem Kasten. Es ist egal, in welchen warmen Raum sie sich begeben, sie werden überall vertrieben. Überall gibt es Wachdienste, die beinahe nichts anderes zu tun haben, als die obdachlosen Kinder, Jugendlichen und Erwachsenen zu vertreiben.

Die Polizei nimmt lediglich die Kinder unter sechzehn ohne Papiere mit. Ihre Identität wird überprüft. Sind sie vermißt gemeldet oder können sie keine gültige Adresse in Berlin angeben, werden sie zum Kinder- und Jugendnotdienst gefahren. Über hundert Aufnahmen muß diese Einrichtung mit nicht einmal zwanzig hauptamtlichen Mitarbeitern monatlich bewältigen. Im Durchschnitt bleiben die Kinder und Jugendlichen dann zwei bis drei Monate. Am stärksten wird der Dienst abends, nachts und an den Wochenenden aufgesucht. Die Sozialarbeiter setzen sich dafür ein, die »Fälle« zu klären, nehmen Kontakt mit den Eltern und den zuständigen Jugendämtern auf und versuchen in der Regel, die Familie wieder zusammen zu führen. Bei problematischen Zuständen wird geprüft, ob es wirklich das beste für das Kind ist, wenn es zurück in die Familie kommt. Die Alternative ist ein Heim.

»Besser, du machst dein eigenes Ding«

Ich habe in der Nacht bei Oli, einem Hippie, geschlafen. Er wohnt in einem halb-legalisierten Haus. Angesprochen hatte ich ihn im *Schizzo-Tempel*, so gegen 2 Uhr 30. Sicher könnte ich bei ihm pennen, meinte er, aber er war voll auf Drogen und so aufgedreht, daß er überhaupt nie müde zu werden schien. Um halb fünf saßen wir dann in seiner Wohnung, aber ich sollte zuerst noch einen Trip werfen. Er holte mehrere Arten Pillen hervor, »alles Natur-Trips«, wie er sagte, »rein pflanzliche Basis, aus Mexico und Polynesien, meine Ärztin besorgt sie mir«. Trotzdem hatte ich das Naturprodukt abgelehnt.

Oli hingegen war völlig aufgeputscht. Er legte eine Kassette mit einem Schlagzeugsolo ein, drehte die Lautstärke voll auf und trommelte wie irrsinnig auf dem Tisch herum. Zeitweise bekam er gar nicht mit, daß ich im Raum war. Nachdem er mir noch mal eine Pille aufnötigen wollte, ich aber ablehnte, schaffte ich es, mich ins Bett zu verziehen. Irgendwann im Morgengrauen kam noch ein Freund von ihm nach, der auch im *Schizzo Tempel* gewesen war.

Jetzt sitzen wir zu dritt in Olis Zimmer. Die beiden sind Mitte Dreißig, und ich möchte von ihnen wissen, wie sie die Besetzerszenen hier im Ostteil empfinden. »Es sind ja ziemlich viel junge Leute und sogar Kinder darunter.«

»Ja«, meinen sie einhellig, »der Schnitt liegt höchstens bei 25, allerhöchstens.«

»Na ja«, meint Olis Freund, »die meisten sind völlig abgedreht. Sie machen sich gegenseitig fertig. Ich wohne inzwischen wieder in einer stinknormalen Mietwohnung, ich würd's in solchen Häusern nicht mehr aushalten.«

Oli pflichtet ihm bei: »Die kennen keine Grenzen mehr und sind alle total neurotisch. Du kommst in diesen Häusern nie zur Ruhe. Immer dröhnt irgendwo die Musik. Wenn du schlafen willst und dich wegen dem Lärm beschwerst, bist du ein Spießer und wirst fertig gemacht. Dann hast du keine Chance mehr.«

»Oder man ist gleich ein Fascho. Das ist noch schlimmer.«

»Weißt du, was mir vor ein paar Wochen passiert ist?« sagt Oli. »Da sitz ich auf 'nem Hocker im *Schizzo-Tempel* und unterhalt mich mit dem Russen, dem der Laden gehört. Ich sag so: Heimat ist doch was Schönes, irgendwann werde ich wohl wieder nach Dresden gehen. Wir haben uns einfach so über Heimatgefühle unterhalten, waren irgendwie ein bißchen schwermütig drauf. Auf einmal krieg ich voll von der Seite einen Schwinger. Mit dem Hocker bin ich voll umgefallen und lag wie ein Käfer auf dem Rücken und hab gezappelt. Da steht so ein junger Typ neben mir und meint: Wer so redet ist ein Fascho.«

»Ja, so geht das hier oft ab. Und so machen sie sich auch gegenseitig fertig. Wer das Bedürfnis nach etwas Ruhe und Ordnung hat, ist ein Spießer. Die sind alle total abgedreht. Was meinst du, wie es in den Häusern abgeht...«

»Einen Freund von uns hätten sie fast umgebracht. Der ist Junkie, und irgendwann wollten sie ihn nicht mehr im Haus haben. Dann haben sie sich alle getroffen und sind zusammen hoch zu seinem Zimmer. Er hatte sich aber eingeschlossen und hat die Tür nicht aufgemacht. Sie fingen an, gegen die Tür zu treten. Kurz bevor sie drin waren, ist er aus dem zweiten Stock aus dem Fenster gesprungen, weil er nicht mehr wußte, was er tun sollte. Unten ist er in eine Eisenstange gefallen. Jetzt liegt er seit einem Dreivierteljahr im Krankenhaus; wahrscheinlich kann er nie wieder gehen.«

»Abgedreht«, bemerkt Olis Freund, »total abgedreht. Deshalb bin ich auch wieder in eine andere Wohnung gezogen. Da hat man es dann zwar mit irgendwelchen Spießern zu tun, weil man den Flur nicht anständig gewischt hat, aber so ist das eben. Das Gute daran ist, daß sich die verschiedenen Leute irgendwie ausgleichen.«

Ich nicke.

Für einen Teil der älteren Hausbesetzer ist es ein Problem, daß immer mehr Kinder und Jugendliche hinzukommen, denn der politische Anspruch in solchen Hausgemeinschaften ist weitgehend verloren gegangen. Für die Jüngsten folgt nach der Flucht von zu Hause ein willkürliches Ausleben nicht-bürgerlicher Vorstellungen. Immer seltener wird der Anspruch, in neuen Gemeinschaften alternative Lebensformen auszuprobieren. Die Regel ist, daß jeder für sich alleine kämpft. Nur noch wenige Häuser sind von einem Gemeinschaftsgeist beseelt.

In vielen Etagen oder Häusern beschränken sich die gemeinsamen Aktivitäten auf die Überlegungen, wie das Haus gegen die Polizei gehalten werden kann, oft aber nicht einmal das. Selbst die ehemaligen Küchen der Häuser haben ihre Funktionen verloren. Häufig bewahrt jeder Bewohner seine Lebensmittel im eigenen Zimmer, gemeinsames Kochen ist selten. Statt dessen trifft man sich in den Besetzerkneipen. Es gibt auch Häuser, über die es heißt, die Bewohner würden sich gegenseitig die Lebensmittel aus den Zimmern klauen.

Auch Bambi kennt solche Probleme. Sie hat inzwischen von einer sozialen Einrichtung eine kleine Wohnung zur Verfügung gestellt bekommen. Als ich sie mal fragte, ob ich bei ihr pennen könnte, meinte sie:»Ich nehme niemanden mehr von der Straße mit. Sie gehen mit in deine Wohnung, fressen dir den Kühlschrank leer und rotzen in die Ecken.« Natürlich war ich geschockt darüber, wie sie mich einstufte. »Neulich waren welche bei mir«, erzählte sie dann. »Einer von denen war krank und mußte plötzlich kotzen. Er hat es noch gerade bis zum Klo geschafft. Wenn er mir aufs Bett gekotzt hätte, hätten die andern nur gelacht. Keiner hätte das weg gemacht, und ich hätte dann die Sauerei gehabt. Wenn sie bei dir pennen, sieht es morgens total runtergekommen aus, überall Dreck und leere Flaschen. Dann gehen sie noch einen abkacken und verschwinden - und du darfst sauber machen. Mich kotzt das total an.«

Auf ihren Wegen durch Deutschland sind die Straßenkinder oft alleine. Zuerst flüchten sie aus familiären Situationen, in denen sie sich einsam oder sogar bedroht gefühlt haben, dann müssen sie erkennen, daß sie auch unterwegs wieder einsam sind. Daran ändert sich auch nichts, wenn sie in Cliquen unterwegs sind, denn verbindliche Absprachen gibt es hier kaum. Wer nach einer Nacht am anderen Morgen verschwunden ist, ist eben verschwunden. Gemeinsam erlebt werden zwar die *Actions*, selten aber die Probleme, schon gar nicht unter den Gleichaltrigen. Deshalb suchen sich manche Minderjährige Ältere, die ihnen bei größeren Schwierigkeiten beistehen.

Nachdem ich noch einen Kaffee bei Oli getrunken habe, gehe ich mich in der Küche waschen. Die Wohnung ist ein buntes Gemisch aus Kitsch aller Art. Das meiste wahrscheinlich vom Sperrmüll. In der Küche hängt ein riesiges, selbstgemaltes Bild vom Brandenburger Tor, beschriftet mit »Silvester '89«. Als ich wieder ins Zimmer komme, planen Oli und sein Freund den Tag. Zuerst wird Oli jetzt ein paar Flaschen Bier und Tabak holen gehen, dann wollen sie einen Trip werfen und gut drauf sein. Sie drehen sich noch jeder eine Zigarette von meinem Tabak, dann verschwinde ich.

In der U-Bahn-Station stelle ich erschrocken fest, daß es schon 16 Uhr ist. Ich entschließe mich, in die Pfarre zu gehen, vielleicht treffe ich Ben, Manni oder Elli in der *Villa* an. Auf dem Weg durch die Kreutziger Straße sehe ich ein geöffnetes Besetzer-Café. Ich hole mir einen schwarzen Tee und setze mich auf dem Gehsteig in einen dicken Polstersessel. Am Haus gegenüber ist ein großer Briefkasten befestigt auf dem »B. Setzer« steht und gleich daneben: »Miethai zu Fischstäbchen«. In der Kreutziger Straße fanden mit die ersten Besetzungen in Ost-Berlin statt. Hier gibt es noch sehr starke politische Absichten, auch gehen größere Initiativen von einigen der Häuser aus. So wurde auf einem unbebauten Gelände an

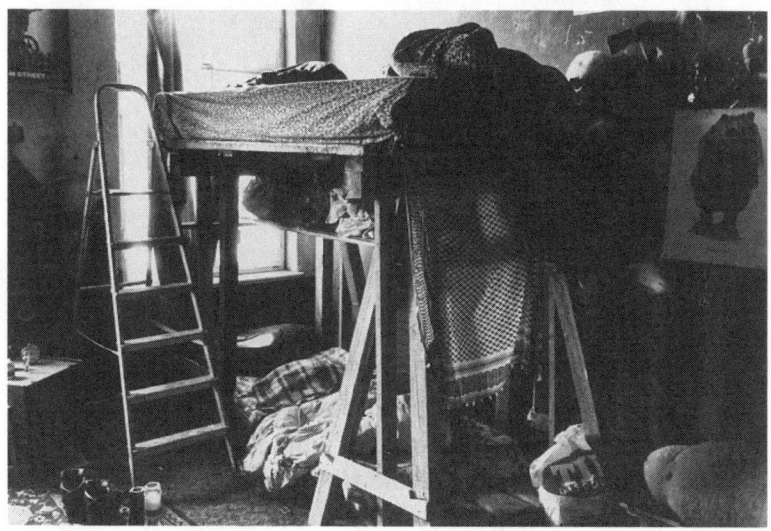

Zimmer in einem besetzten Haus

der Ecke Boxhagener Straße ein Lehmspielplatz kreiert, außerdem gibt es in der Straße einen Kinderladen, der die Kinderbetreuung und Freizeitaktivitäten organisiert. Hier wohnen viele Paare und Alleinerziehende mit Kindern.

Die Straße mit ihren bunten Kulissen hat auch für Kinder aus anderen Straßen einen großen Reiz. Hier stehen keine Erwachsenen herum und passen auf, wer was tut.

Während ich meinen Tee trinke, kommen zwei Jungen auf teuren Fahrrädern und in modischer Sportkleidung angefahren, stellen ihre Räder ab und setzen sich in eine Couch neben mir. Betont lässig lehnen sie sich zurück. Wo kann man schon mitten auf dem Gehsteig in einer Wohnzimmer-Couch sitzen? Schließlich spricht mich einer von ihnen an.

»Wohnste hier?«

Ich schüttle den Kopf.

Er registriert meinen Rucksack. »Biste auf Trebe?«

»Ja.«

»Woher kommst du denn?«

»Aus Bayern.«

»Aha. Haste mal 'ne Zigarette?«

»Tabak.«

»Okay.«

Ich krame den Tabak heraus.

»Kannste uns eine drehen oder zwei?«

»Das müßt ihr schon selber machen.« Ich werfe ihnen den Tabak zu. Einigermaßen unbeholfen dreht sich jeder der beiden eine Zigarette.

»Kaugummi?« werde ich gefragt.

Ich nehme ihn, habe schon seit Jahren keinen Kaugummi mehr gekaut. Ich schaue mir die Häuser auf der anderen Straßenseite an. Direkt gegenüber liegt die Gartenkneipe *Karibuni*. An einer Hauswand steht in riesiger Schrift: »Viele kleine Leute, die an vielen kleinen Orten viele kleine Dinge tun, können das Gesicht der Welt verändern.«

»Also, tschüß!« Die beiden Jungen schwingen sich wieder auf ihre Fahrräder und sind weg. Wahrscheinlich waren sie nur hier, um unbeachtet rauchen zu können. Auch ich breche auf und gehe weiter zur Pfarre.

In der *Villa* treffe ich Elli an, und wir unterhalten uns länger. Sie erzählt mir, daß sie soeben die zweite Verwarnung bekommen hat. Wer in der Villa dreimal verwarnt wird, muß das Haus verlassen. Elli allerdings interessiert das nicht besonders. »Ich will hier sowieso raus, die *Villa* geht mir auf'n Keks.« Mit den »Resozialisierungskräften«, wie sie und die anderen die Mitarbeiter gelegentlich bissig nennen, hat sie täglich irgendwie »Streß«.

»Wohin willst du dann?«

»Am liebsten würde ich mit zwei Freundinnen eine WG machen, aber das geht erst mal nicht, weil eine davon noch bei ihren Eltern wohnt. Die dürfte sowieso nicht. - Vielleicht kann ich bei Ben drüben einziehen, da ist noch ein Zimmer frei, vielleicht krieg ich das.«

Ich erfahre, daß Ben vor ein paar Tagen in ein betreutes Haus in der Straße gezogen ist, in die *111*.

»Warum ziehst du nicht wieder in ein besetztes Haus?«

»Die sind mir zu dreckig.«

»Nervt nicht manchmal auch der Lärm in den Häusern, ich meine vor allem nachts?«

»Nee, das stört mich eigentlich nicht. Wenn du richtig müde bist, kannst du auch schlafen.«

»Wie sieht es eigentlich mit Sex aus?« frage ich.

»Ach, na ja...« Sie grinst.

»Du schläfst doch mit Jungen, oder?«

»Ja.«

»Wie verhütest du?«

»Ich nehm die Pille.«

»Aber du weißt schon, daß die Pille nicht gegen Infizierungen hilft?«

»Ja, schon, aber... das wär ja doppelt gemoppelt, wenn man auch noch einen Pariser benutzen würde.«

»Trotzdem.«

»Nee. Außerdem: Wenn man länger mit einem Jungen zusammen ist, hat man ja Vertrauen zu ihm.«

»Vermißt du eigentlich manchmal deine Familie?«

»Nee! Doch, eine. Meine Schwester. Die ist geistig behindert, völlig schwachsinnig, aber sie ist so lieb. Die würde ich gerne mal wiedersehen. Die konnte sich über so Kleinigkeiten total freuen. Und lachen kann die... das glaubst du nicht. Ja, die hab ich sehr lieb. Mit der bin ich immer total gut klar gekommen. - Aber die anderen vermisse ich nicht, ich passe auch nicht in die Familie. Die sind irgendwie alle anders drauf. Für mich sind andere Dinge wichtig als für die.«

»Geld nicht so, oder?«

»Ja, Geld. Ich mein, man muß schon genügend Geld zum Leben haben, aber Geld ist auch nicht *so* wichtig.«

»Wie bist du zur Zeit finanziert?«

»Vom Jugendamt und von meinen Eltern. Aber ich könnte auch schnorren gehen, das würde auch reichen. Ich brauch nicht viel zum Leben. Ich bin damit zufrieden, was ich jetzt habe, mir fehlt nichts Größeres.«

Sie holt ihre Ratte aus dem Käfig und schmust mit ihr. Neben Hunden sind Ratten die beliebtesten Tiere der Kids. Oft tragen sie sie den ganzen Tag auf den Schultern mit. In einer WG mit lauter Minderjährigen hatten sich vor einiger Zeit die frei in der Wohnung herumlaufenden Ratten so stark vermehrt, daß die sogenannten Kammerjäger geholt werden mußten. Auf sechzehn Ratten war man angeblich bei der Jagd gestoßen.

Ich entschließe mich, noch in der *111* vorbei zu schauen, vielleicht treffe ich Ben an.

Zuerst gehe ich ins Mitarbeiterzimmer im Erdgeschoß.

»Ist Ben da?«

»Müßte oben sein«, sagt mir ein Mann.

»Wo genau?«

»Dritte Etage, gleich rechts neben der Treppe.«

Oben öffnet mir Ben, in Blaumann und mit Dispersionsfarbe an den Händen.

»Hallo«, sage ich, »hab gehört, daß du jetzt hier ein Zimmer hast und wollte mal vorbeischauen.«

»Ja«, sagt er und hält mir die Tür auf.

Obwohl er eigentlich die Küche streichen will, unterhalten wir uns eine Weile.

»Eigentlich dein erstes eigenes Zimmer, oder?«

»Ja, kann man so sagen.«

Da das andere Zimmer der Wohnung frei ist, frage ich: »Wer soll noch mit einziehen?«

»Vielleicht Elli. Oder Manni, mal sehen.«

Obwohl auch dieses Haus erst durch eine Besetzung zu einer sozialen Einrichtung für Straßenkinder geworden ist, fühlt sich Ben der Besetzerszene in der Pfarre nicht sonderlich zugeneigt. Anders als Elli fühlt er sich nicht als *links*.

Eigentlich hat er sich sogar früher als Skinhead verstanden und sagt, daß er bei den Brandanschlägen auf die Asylunterkunft in Hoyerswerda dabei gewesen ist. Als er aber wieder mal ziemlich fertig gewesen sei, habe ihn in Berlin eine türkische Familie aufgenommen und wochenlang versorgt. Seither weiß er, daß der Spruch »Ausländer raus!« »Schwachsinn« ist und hat aufgehört »mit der ganzen Scheiße«.

Einsam fühlt sich Ben heute nicht mehr, obwohl er eine Menge Freunde »verloren« hat. Die einen sitzen im Knast oder im Jugendarrest, einige sind ins Ausland abgehauen, andere sind einfach verschwunden.

Ich weiß, daß er für kurze Zeit mit Bambi zusammen war, deshalb interessiert mich nach dem Gespräch mit Elli, was er zum Sex sagt.

»Wann hast du eigentlich zum erstenmal mit einem Mädchen geschlafen?«

Er schnauft. »Liegt lange zurück, frag mich nicht, ich hab auch nicht mitgezählt.«

»Benutzt du beim Vögeln Kondome?«

»Nee, die meisten Mädchen nehmen sowieso die Pille.«

»Aber das schützt nicht gegen Infektionen.«

»Ist mir egal. Wenn ich AIDS kriege, kriege ich eben AIDS, entweder-oder.«

So denken hier viele der Kids. Ich weiß von einer Sozialarbeiterin, daß im Frühsommer so gut wie alle unter Zwanzigjährigen in der Straße Tripper hatten und sich immer wieder gegenseitig ansteckten. Es hat eine ganze Weile gedauert, bis das wieder im Griff war. Und das, obwohl die Einrichtungen Kondome kostenlos verteilen.

Diese Nachlässigkeit mit dem eigenen Körper ist immer wieder zu beobachten. Dreck, Wunden und Infektionen gehören zum Erscheinungsbild der Kids nicht nur am Zoo, sondern auch in den Besetzerszenen. Dazu kommt das andauernde Zudröhnen mit Drogen. Auch Essen und Trinken werden nur »nebenbei« und »irgendwie« erledigt.

In dem Dreieck von Heroinkonsum, freier Sexualität und mangelnder Hygiene leben diese Cliquen von Minderjährigen in einer nicht gerade geringen HIV-Gefahr. Ob es schon HIV-infizierte Minderjährige in diesen Szenen gibt, weiß noch niemand.

Ich frage schließlich noch: »Wie lange bist du so in der Regel mit einem Mädchen zusammen?«

»Vierzehn Tage, länger nicht.«

Da ich den Eindruck habe, Ben von seiner Arbeit abzuhalten, verabschiede ich mich, gehe aber noch einmal durch die Zimmer. In einem steht in roter verlaufener Farbe an der Wand: »Ihr habt mich nicht gefragt, ob ich geboren werden will, jetzt sagt mir nicht, wie ich zu leben habe.«

Ben steht schon wieder in der Küche und rührt Farbe.

»Also, tschüß, viel Spaß noch.«

»Ja.«

Ich ziehe die Tür hinter mir zu und gehe hinunter.

Da heute im *Filmriß* wieder ein Film gezeigt wird, kostenlos, gehe ich langsam Richtung Rigaer Straße. Allerdings sind bis zum Beginn noch zwei Stunden Zeit, so daß ich mich auf meinem Weg auf Bänken niederlasse und auf das Verstreichen der Zeit warte.

Wieder wird es sehr früh am Abend kalt, schließlich nieselt es auch noch, so daß ich mir eine windgeschützte Hinterhofeinfahrt suche. Dort warte ich, bis um 20 Uhr endlich das *Film-*

riß öffnet. Hier verbringe ich oft meine Frühabende, weil die Kneipe pünktlich öffnet und außerdem gut beheizt ist.

Wie schon öfter, bin ich der erste Gast. Ich stelle mein Zeug in einer Ecke ab, bestelle mir ein *Berliner* und gehe auf die Toilette. Dann setze ich mich an einen großen Tisch gleich beim Tresen. Schon kurz darauf kommt ein junger Mann herein, holt sich eine Flasche Bier und setzt sich direkt ans Eck neben mich.

Eine Weile hält er die Flasche mit beiden Händen fest und sieht gelegentlich zu mir auf. Ich habe den Eindruck, daß er Lust hat, sich zu unterhalten.

Schließlich sagt er: »Beim Schnorren heute kamen zwei Glatzen an.«

»Und?« Ich beuge mich vor und schaue ihn an. Sofort sieht er wieder auf seine Flasche.

»Nichts. Hab die Schnauze gehalten, war alleine.«

»Ist besser so«, bestätige ich.

»Klar, die hauen drauf, die kennen nichts. Hab 5 Mark gemacht. Einmal sogar ein 2-Mark-Stück.«

»Wo?«

»Oben, Prenzlberg halt so.«

»Kommst du immer aus mit deinem Geld?«

»Schnorr mir immer was. Obwohl es schwer ist. Manche kriegen ziemlich viel zusammen so am Tag, aber ich nicht. Ich sehe zu fertig aus, da kriegt man nicht viel.«

»Wohnst du hier irgendwo?« frage ich ihn.

»Nee. Und du?«

»Nein, wohne nirgendwo. Schlafe mal hier und mal da.«

»Haste was für heute?«

»Nein, noch nicht.«

»Scheiße, wa? Bei uns geht's auch nicht.«

»Wo wohnst du?«

»Kreutziger.«

»Aha«, mache ich.

»Hab aber auch kein richtiges Zimmer. Hab mir 'ne Ecke auf dem Dachboden eingerichtet mit Matratze und so. Vielleicht könntest du da auch pennen, aber... könnte Streß geben mit den andern. Ist schon ziemlich voll bei uns. Besser nicht. Will keinen Ärger haben.« Ich schaue ihn an. Seine kurzen Haare sehen aus, als würde er sie sich selber schneiden. »Eigentlich wollten sie nicht, daß ich einziehe. Bin froh, daß sie mich da auf den Dachboden lassen.«

»Klar.«

Wir kommen nun intensiver ins Gespräch. In der Zeit bis zum Film begreife ich vieles von der Lebensweise der jüngeren Besetzer.

»Das Wetter wird jetzt langsam naß-kalt, da ist es bestimmt scheiße auf 'nem Dachboden, oder?« frage ich.

»Ja, naß und kalt. Hab mir heute nacht halt die Handtücher von der Wäscheleine genommen und mich abgelegt und abgepennt. Manchmal nervt's mich, so neben der gewaschenen Wäsche zu pennen.«

Ich erfahre, daß er schon 29 Jahre alt ist. Vor zehn Jahren ist er von seinen Stiefeltern abgehauen. Schon mit siebzehn hat er seine erste Besetzung mitgemacht. Eigentlich kommt er aus Braunschweig, war aber lange in Köln, Würzburg, mehrmals länger in Hamburg und in Amsterdam. Seit sieben Jahren ist er in Berlin. Die Realschule hat er in der 9. Klasse abgebrochen, eine Ausbildung hat er auch nicht.

»Haben deine Eltern Kohle?«

»Nicht viel. Hab auch keinen Bock, mit denen einen abzupalavern, halt so. Wollen auch nichts mehr mit mir zu tun haben.«

»Was hast du später noch so vor?«

»Zieh noch durch die Kneipen gleich.«

Eigentlich hatten mich seine Zukunftspläne interessiert. Ich versuche es anders: »Weißt du was, man müßte in einem besetzten Haus eine Werkstatt machen.«

»Das wär geil!« sagt er spontan und sieht mich an. Aber ihm kommen eine Menge Einwände: Dann muß man ja doch so regelmäßig arbeiten, aufs Geschäft Rücksicht nehmen, muß sich mit den anderen absprechen. »Irgendwie gibt's auch immer mal Stunk. Obwohl: So in WGs oder besetzten Häusern

lernt man auch, Konflikte auszuhalten und abzupalavern. Aber besser ist, man macht sein eigenes Ding, halt so.«

Er steht auf und schnorrt sich in der Kneipe zwei Zigaretten und das Geld für eine weitere Flasche Bier. Meinen Tabak will er nicht. Er hat sich in Amsterdam angewöhnt, nur noch Filterzigaretten zu rauchen.

Als er wieder an den Tisch kommt, an dem wir immer noch alleine sitzen, lästere ich über das Leben auf der Straße, daß man nur so selten zum Ficken käme.

»Das stimmt, echt. Hab schon seit zwei Jahren keine Frau mehr *gesehen*.«

»Aber bei euch wohnen doch auch eine ganze Menge Frauen.«

»Ja, aber... nee. Ich laß die in Ruhe damit. Will auch nicht... Besser, man macht sein eigenes Ding.«

»Hm-«

»Aber stimmt schon, wenn ich mir vorstell, das ganze Leben wichsen, Alter...«

Ich lache. »Zwei Jahre reichen schon, wa?«

»Aber echt, ey.« Wir lachen.

»Viele Frauen wohnen ja im Frauenhaus«, stelle ich fest. Das ist ein besetztes Haus, in dem nur Frauen wohnen. »Aber das sind wahrscheinlich meistens Lesben.«

»Ja, fast alles Lesben. Oder haben mit Männern schlechte Erfahrungen gemacht, halt so. Wollen ihr eigenes Ding machen.«

Ich frage ihn, was er sich wünschen würde, wenn er einen Wunsch frei hätte. Er sieht auf den Tisch, wird ernst und schweigt eine Zeit.

»Ich wüßte schon was, aber sprech ich nicht drüber. Und du?«

»Mehr Knete.«

»Bei mir auch! Mir müßte einer jeden Tag 50 Mark geben, halt so. Dann abends mit guten Leuten in der Kneipe sitzen und Bier trinken. So leben halt. Leben ist Leben, halt so.«

Langsam wird die Kneipe voller, bald beginnt der Film. Er will, daß ich mit ihm nun weiter durch die Kneipen ziehe, aber ich habe keine Lust. Wir verabreden uns vage für den folgenden Sonntag und schlagen uns in die Hände. Ich möchte seinen Namen wissen, aber er antwortet: »Denk dir einfach einen aus, halt so.« Er geht.

Wir haben uns später nicht mehr getroffen, an dem Sonntag kam er nicht. Dreimal sind wir uns noch über den Weg gelaufen, aber jedes Mal schien er mich nicht mehr zu erkennen. Immer war er alleine.

In kürzester Zeit ist die Kneipe brechend voll geworden. Jetzt sitzen wir eng gedrängt um den langen Tisch. Eine große Leinwand wird von der Decke herunter gezogen, und wir sehen Lubitschs *Sein oder Nicht-Sein*. Immer, wenn in dem Film die Nazis als besonders einfältig gezeigt werden, gröhlen wir und klatschen.

Nach dem Film höre ich zweien am Tisch zu, die sich über ihre berufliche und finanzielle Lage unterhalten. Der eine hat wohl soeben begonnen, einen Schulabschluß nachzuholen. Er redet auf seinen Freund ein.

»Alter, du mußt dich mal für was entschließen. Das kann doch so nicht weitergehen.«

Sein Freund hängt ziemlich durch, hat kein Geld und schnorrt sich bei Freunden, was er braucht. Auch jetzt fragt er immer mal wieder jemanden am Tisch nach einer Zigarette. Ansonsten macht er einen ratlosen und unglücklichen Eindruck, dann erzählt er:

»Na ja, weißt du, was ich jetzt vorhabe? Ein Bekannter will sich ein Mountain-Bike kaufen. Wir haben jetzt vor, daß er mir das Geld gibt, ich das Fahrrad kaufe und ihm gebe. Ich laß es versichern, melde es dann als geklaut und ziehe 600 Mark ab. Das wär nicht schlecht. Dann hätte ich den September und Oktober finanziert.«

»Alter, hör doch auf! Und dann?«

Er raucht.

»Sieh endlich zu, daß du dir Papiere besorgst und dann beantrag erst mal Sozi.«

Ich kaufe am Tresen eine Tafel Schokolade und biete den anderen ein Stück an. Der »Abgebrannte« greift zu und fragt, ob er meinen Tabak nehmen dürfe. Dann nimmt er sich noch ein Stück Schokolade.

Ich beobachte eine Weile das Geschehen um mich rum. Das *Filmriß* ist eine recht brave Kneipe. Drogen sind hier Tabu, selbst gekifft werden darf nicht. Hunde sind ungern gesehene Gäste, so daß es hier sehr gesittet zugeht.

Der »Abgebrannte« fragt seinen Freund: »Kann ich noch eine?« und hebt leicht seine Flasche an.

»Ja, okay.«

Bevor ich in eine andere Kneipe wechsle, gehe ich noch einmal auf die Toilette. Mir fällt ein Aufkleber auf: »Schluß mit dem Faschismus, auch in <u>Deinem</u> Kopf«.

Der Anti-Faschismus ist das einzige, was die unterschiedlichen Besetzerszenen zeitweise miteinander verbindet. Ansonsten haben sie nicht nur wenig miteinander zu tun, sondern sind geradezu verfeindet. So kann der Vorwurf, faschistisch zu sein, für manche das soziale Aus in diesen Kreisen bedeuten. Wer bei einer Prügelei mit Faschos nicht aktiv eingreift, ist schon wieder selbst ein Fascho. So geht der Faschismusvorwurf zwischen verschiedenen Häusern hin und her.

Ich gehe ins *S.E.K.* und lerne einen jungen Schwaben kennen, der gerade sein Abitur gemacht hat und sich nun ein paar Tage autonome Szene in Berlin gönnt. Ein Touri also. Ein Bekannter von ihm ist ein paar Tage nicht zu Hause und hat ihm deshalb die Wohnung überlassen. Ich wittere meine Chance.

»Dann hast du ja richtig viel Platz.«

»Ja.«

»Bist du ganz alleine in der Wohnung?«

»Ja.«

»Meinst du, ich könnte heute nacht bei dir pennen?« Mir ist egal, ob er sich überrumpelt fühlt.

»Ja, obwohl ich nicht so bald ins Bett gehe.«

»Ach, das macht nichts.«

Er findet es schade, daß es in Stuttgart keine Besetzerszene gibt, er würde gerne in einem besetzten Haus wohnen. Punker kann er allerdings nicht leiden, die meisten jedenfalls. »Sie benehmen sich total prolomäßig, saufen sich die Birne zu, pissen sich dann in die Hosen oder kotzen ab, wie auf Schützenfesten. Abartig.« Punkmusik hingegen gefällt ihm, denn sie hat gezeigt, »daß man auch mit einem schlechten Drummer gute Musik machen kann«.

Als ich am anderen Morgen die Wohnung verlasse, schläft er noch.

Die Bahnhofskinder

Ich sitze nachmittags mit Frosch und Joiny am U-Bahnhof Samariterstraße. Die beiden lehnen rechts und links an der Wand und sprechen die Vorübergehenden an. Ich sitze eine Stufe unterhalb von Joiny und beteilige mich nicht aktiv am Schnorren. Soeben ist ein Menschenpulk nach dem Abfahren einer Bahn an uns vorbei gegangen.

Vom Eingang kommt ein Mann Mitte Zwanzig auf die Treppe zu.

»Hast du etwas Kleingeld für uns?«

»Nee. Aber 'ne Zigarette könnt ihr haben.«

»Au ja!«

Er hält uns allen die Schachtel hin und gibt uns Feuer.

»Danke.«

»Bitte. Tschüß.«

Eine Frau kommt.

»Ey, hast du wohl ein bißchen Kleingeld übrig?«

Die Frau sieht auf den Boden und geht an uns vorbei.

Von unten von den Gleisen kommen zwei junge Männer.

»Ey, habt ihr wohl 'ne Mark für uns?«

»Nee, wir haben ja selber nichts.«

Von der anderen Seite nähert sich ein Mann und bleibt dann in einigem Abstand von uns stehen. Er zieht sein Portemonnaie heraus, öffnet den Druckknopf an der Kleingeldtasche und sieht hinein. Leicht kippt er das Portemonnaie seitlich und nimmt dann mit der freien Hand ein Geldstück heraus. Das Portemonnaie schiebt er zurück in die Gesäßtasche und geht weiter. Vor Joiny läßt er ein Markstück auf den Boden fallen.

»Danke!«

»Bitte, bitte.«

Die Reaktionen der Passanten beim Schnorren sind sehr verschieden. Die meisten schauen weg und gehen ohne etwas zu sagen vorbei. Einige reagieren empört und abfällig mit irgendwelchen Sprüchen. Andere sagen im Vorbeigehen etwas Witziges. Wenige bleiben kurz stehen und suchen ein ernsthaftes Gespräch. Grundsätzlich erschwert sich die Lage für schnorrende Kinder sofort, wenn ein Erwachsener bei ihnen sitzt. Ich weiß, daß ich momentan Joinys und Froschs Einnahmen reduziere.

Eine U-Bahn fährt vor, und ein Pulk Menschen kommt die Treppe hinauf. Die beiden beginnen, ihre Sätze zu sprechen.

»Hast du wohl ein bißchen Kleingeld?«

»Hast du wohl 'ne Mark übrig?«

In der Masse reagieren die meisten Menschen gar nicht auf uns. Manchmal antworten welche bewußt laut und abfällig, sie glauben, die Mehrheit der Personen um sie rum zu repräsentieren und Zustimmung zu ernten:

»Ihr versauft's doch nur!« Ein Mann zwischen fünfzig und sechzig demonstriert seine Verachtung.

Am ehesten scheinen die zu irgend etwas zu bewegen zu sein, die als letzte und vereinzelt die Treppe hoch kommen. Zumindest sind sie gesprächiger.

»Ich hab selber nicht genug.«

»Beim nächsten Mal.«

»Heute nicht.«

Schon solche Sätze lindern das Gefühl, zum Abschaum zu gehören. Denn so fühlt sich jeder, der bettelt, auch Kinder. Am härtesten trifft die demonstrative Ignoranz, nicht die, die aus Unsicherheit entsteht.

»Hast du wohl mal 'ne Mark?«

»Hab jetzt kein Kleingeld.«

»Och, wir nehmen auch Scheine.«

Der Mann dreht sich um und grinst uns zu.

Manche legen allerdings auch ohne etwas zu sagen Geld vor die Füße der beiden Mädchen. So liegen allmählich doch immer mehr Münzen vor Joiny und Frosch: 10-Pfennig-Stükke, 50-Pfennig-Stücke, 1-Mark-Stücke, selten ist ein 2-Mark-Stück.

Ein junges Paar kommt auf uns zu.

»Habt ihr wohl etwas Kleingeld für notleidende Kinder übrig?« Frosch grinst die beiden an.

»Nee, aber wollt ihr 'ne Zigarette?«

»Klar, nehmen wir auch.«

Der Mann nimmt drei Zigaretten aus der Schachtel und gibt sie uns. Die Frau legt eine Mark auf den Boden. Sie verabschieden sich. Ich suche unterdessen mein Feuerzeug.

Rauchen kann man beim Schnorren eigentlich fortwährend. Viele Leute, gerade die jüngeren, geben lieber Zigaretten ab als Bargeld. Zeitweise sammeln wir die Zigaretten sogar in unseren Jackentaschen.

Nach einer weiteren Bahn kommt eine alte Frau als letzte die Treppe hoch, sie müht sich mit zwei schweren Taschen. Drei Stufen unter Frosch bleibt sie stehen.

»Haben Sie vielleicht etwas Kleingeld für uns?«

Sie sieht Frosch an und verschnauft. »Kinder, warum geht ihr euch denn nicht etwas Geld verdienen, statt hier zu betteln? Meine Enkelin macht das auch. Das geht ganz gut. Nachmittags nur zwei, drei Stunden nach den Schulaufgaben. Sie verteilt Prospekte.«

»Für 5 Mark Stundenlohn«, wirft Frosch ein.

»Ist das nichts? Soviel Geld braucht ihr doch noch gar nicht.«

Sie schweigt und sieht nacheinander Frosch und dann Joiny an. »Erkundigt euch doch mal.«

»Nee, danke.«

Die Frau schnauft durch die Nase. »Wollt ihr eine Mandarine?«

»Gerne, danke.»

Die Frau reißt ein Netz auf und gibt uns allen eine Mandarine. Dann nimmt sie ihre Taschen und geht.

»Danke, Wiedersehen!« ruft Joiny.

Vom Eingang kommt ein Mann mit einer ziemlich alten Gitarre voller Aufkleber auf uns zu. Die beiden Mädchen kennen ihn, und er setzt sich zu uns. Seine Stimme ist tief und unverständlich, er spricht wenig. Dann nimmt er die Gitarre und spielt und singt. Die Texte sind nicht zu verstehen, so tief und kratzig ist seine Stimme, trotzdem klingt das alles musikalisch, irgendwie.

Von der Bahn kommt wieder ein Menschenpulk herauf. Das Ritual wiederholt sich. Ein Mann sagt laut: »Geht arbeiten, dann habt ihr Geld!« Entweder hat er das Alter der beiden Mädchen gar nicht registriert, die am ehesten noch in die Schule gehören, oder er meint uns beiden Männer und hat sich nur nicht getraut, uns anzusehen. Sehr demonstrativ gibt uns daraufhin eine junge Frau ein 2-Mark-Stück und schüttelt über den Mann den Kopf. Trotzdem gibt ansonsten keiner mehr Geld.

Die Münzen liegen die ganze Zeit vor Frosch und Joiny auf dem Boden.

»Also«, meint Frosch, nachdem der Pulk an uns vorbei ist, »rauchen wir erst mal eine.« Die beiden greifen in ihre Jakkentaschen.

Ich halte Joiny die Flamme hin und werfe dann das Feuerzeug zu Frosch hinüber. »Du müßtest doch auch noch eine haben«, sagt sie. Also rauche ich mit. Joiny gibt dem Gitarrenspieler eine Zigarette ab. Ich erfahre, daß er Schorsch heißt.

Eine Frau mit langen schwarzen Haaren, einer speckigen Lederjacke und einem langen, weiten Rock will zum Bahnsteig hinunter. »Hier«, sagt sie und legt ein 5-Mark-Stück auf den Boden, »aber jetzt spielt auch was.«

»Wau!« macht Frosch, »super, danke. - Schorsch, jetzt spiel aber auch was!«

Schorsch klemmt die Zigarette hinter die Saiten und beginnt erneut zu spielen. Als kurz darauf wieder eine U-Bahn aus Richtung Alex ankommt, steigen auch drei Kontrolleure aus. Vom Gitarrenspiel angezogen, nähern sie sich unserer Treppe und kommen langsam herauf. Einer der drei hält einen Schäferhund mit Maulkorb, er bleibt etwas zurück. Die beiden anderen stellen sich vor uns auf. Der kleinere von beiden, mit einer dicken Brille und Schnauzbart, spricht uns an. »Verlassen Sie bitte den U-Bahnhof. Sie wissen genau, daß es nicht erlaubt ist, sich hier länger aufzuhalten und zu betteln.«

Mein Impuls ist aufzustehen, aber ich merke, daß die drei anderen so tun, als habe uns nicht soeben jemand aufgefordert, nach oben zu gehen. Sie machen einfach nichts, und Schorsch spielt weiter, als habe er die Männer nicht gesehen.

»Bitte machen Sie keinen Ärger, sonst müssen wir die Polizei holen.«

Joiny und Frosch sehen sich an.

Der zweite Mann spricht uns an: »Daß ihr es aber auch immer wieder probieren müßt. Ihr wißt doch, daß wir euch hier wieder rausschicken müssen.«

»Draußen ist es kalt«, entgegnet Frosch.

»Tja...«, macht der Mann, darauf fällt ihm offenbar nichts ein.

»Also, was ist jetzt?« fragt der mit der Brille.

Die beiden Mädchen schieben das Geld zusammen und stehen auf. Ich gehe ihnen nach. Schorsch spielt noch ein paar Akkorde. Die Männer wenden sich jetzt ihm zu, dann kommt auch er uns nach. Die Kontrolleure folgen uns bis zum Ausgang.

Eine Weile stehen wir oben auf dem Gehsteig, dann gehen wir wieder in den U-Bahnhof und setzen uns an die alte Stelle. Schon kurz darauf hält wieder eine Bahn. Diesmal sind es nur wenige Personen, die an uns vorbei gehen. Niemand gibt etwas.

Frosch beißt an ihren Fingern herum. »Au, Scheiße«, sagt sie plötzlich. Sie blutet. »Voll ein Stück Fleisch rausgebissen.« Sie saugt an dem Finger, bis er aufhört zu bluten.

»Wieviel hast du da jetzt?« fragt Joiny.

Frosch zählt die Münzen zusammen. »Etwas über vierzehn.«

»Ich hab hier acht.«

»Ich brauch bloß fünf.«

Ich schaue Frosch etwas überrascht an, woraufhin sie meint: »Ja, ich will heute abend in eine Kneipe in Prenzlberg, wo 'ne Punk-Band spielt. Das kostet fünf Mark Eintritt. - Aber ich mach trotzdem noch weiter«, sagt sie, als wolle sie mich beruhigen.

»Auf dem Strich verdient man als Mädchen schneller Geld«, sage ich, um die beiden zu provozieren.

»Ii, nee«, ruft Frosch, »da würde ich das Kotzen kriegen. Schon wenn ich das Ding sehen würde.« Joiny reagiert nicht.

»Warum?« hake ich nach.

»Wer das macht, hat sich aufgegeben. Der ist total entfremdet.«

Ich ziehe überrascht die Augenbrauen hoch, aber wir werden unterbrochen.

Ein recht gut gekleideter Mann um die Dreißig bleibt vor uns stehen. »Warte mal«, sagt er zu der Frau bei ihm.

»Ach, hallo«, sagt Joiny, die ihn wiederzuerkennen scheint.

»Hallo.« Er sucht in mehreren Taschen.

Joiny grinst ihn an.

»Irgendwo hab ich was für euch... da!« Er zieht die rechte Hand aus der Hosentasche und drückt Joiny etwas in die Hand.

»Hey, danke!«

»Tschüß, macht's gut.« Zu der Frau sagt er im Weitergehen: »Die hab ich neulich schon mal getroffen.«

Joiny hält zwischen zwei Fingern etwas hoch, es ist ein kleiner Brocken Haschisch. Als zwei Mädchen in Hippie-Mode an uns vorbei kommen, spricht sie sie an. »Ey, habt ihr wohl Blättchen für uns?«

Eines der Mädchen gibt ihr die Packung, und Joiny zieht drei Blättchen heraus. »Danke.« Sie dreht sich zur Wand, klebt die drei Blättchen zusammen und nimmt zwei Zigaretten aus der Jacke. Sie zerpflückt die Zigaretten, verteilt den Tabak auf dem großen Blättchen und bröselt den Shit darüber. Joiny baut den perfektesten Joint, den ich je gesehen habe, beinahe »wie gekauft«.

Obwohl Schorsch weiterspielt, achtet er darauf, beim Kreisen des Joints nicht zu kurz zu kommen. Es ist ein merkwürdiges Gefühl, einen Joint hochzuhalten und daran zu ziehen, während Menschen an mir vorbei zur U-Bahn gehen. Wir rauchen, und der nächste Menschenpulk interessiert uns nicht weiter.

Urplötzlich stehen wieder die Kontrolleure vor uns. »Wir haben es euch doch vorhin deutlich genug gesagt. Wollt ihr denn unbedingt Ärger?« Der Mann sieht mich an, und ich zucke mit den Schultern.

Das Ritual wiederholt sich. Wir stehen eine Weile auf dem Gehsteig, bis wir erneut nach unten gehen.

Kurz nachdem wir wieder auf der Treppe sitzen, nähern sich uns zwei kleine Mädchen im Alter zwischen 6 und 8 Jahren. Schorsch spielt und singt wieder.

Frosch spricht die beiden Kleinen an: »Na, ist euch langweilig?«

Sie schauen sich an und lächeln verschämt, dann sehen sie zu Frosch. »Ein bißchen.«

»Kommt doch her! Wie heißt ihr denn?«

Die zwei stellen sich zu ihr.

»Nicole.«

»Ich heiße Rafaela.«

»Und wohnt ihr hier?«

»Ja.«

»Hier in der U-Bahn kann man aber nicht spielen.«

»Nö.«

»Warum seid ihr dann hier?«

»Nur so.«

»Haste mal 'ne Mark?«

»Einfach nur so?«

»Eigentlich waren wir bei mir und haben gespielt«, sagt das etwas größere Mädchen. »Aber als mein Papa von der Arbeit gekommen ist, hat er meine Mama gehauen.«

»Wie, so richtig?«

»Ja. Macht er oft.«

»Und dann?«

»Dann sind wir lieber rausgegangen.«

»Verhaut er dich auch?«

»Ja, also nicht immer.«

»Scheiße!« sagt Frosch und schaut zu uns herüber. »Der Alte verhaut sie. Da muß man doch was machen.« Sie schweigt einen Moment. »Wie heißt ihr denn?«

»Schmitt.«

»Und wo wohnt ihr?«

Das Mädchen sagt eine Adresse, dann setzen sich beide zu Frosch auf den Boden.

»Hey, Joiny«, meint Frosch, »den können wir uns ja alle mal vornehmen.«

Joiny zuckt mit den Schultern.

»Haut dich dein Vater auch?« spricht Frosch das andere Mädchen an.

»Nur manchmal.«

»Haut ihr immer ab, wenn euch eure Alten verprügeln?«

»Ja, also fast immer«, antwortet die Größere.

»Jetzt könnt ihr ja erst mal hier bleiben. Bei uns ist es lustig.«

Die beiden Mädchen grinsen.

»Aber ich muß gleich rein«, sagt die Kleinere und sieht hinüber zu der großen Uhr im Gang.

»Wir können ja fragen, ob du heute länger raus darfst«, schlägt ihre Freundin vor.

»Ja!« Sie springt auf. »Wir fragen mal«, sagt sie, und die zwei laufen zum Ausgang. Nach wenigen Minuten sind sie zurück. Mit den Armen auf den Rücken kommen sie auf uns zu, beide grinsen etwas verlegen.

»Hey, da seid ihr ja wieder.«

»Wir wollen dir was schenken«, sagt die Größere.

»Au, was denn?«

Die beiden halten einen Notizblock und einen Filzstift hin.

»Au, danke, das find ich aber lieb von euch.«

Mit aufeinander gepreßten Lippen lächeln sich die zwei an. Die restliche Zeit sitzen sie bei uns und malen mit Frosch auf den Block.

»Was macht ihr hier?« fragen sie einmal zwischendrin.

»Schnorren«, antwortet Frosch.

»Betteln?«

»Ja.«

»Habt ihr kein Geld?«

»Nicht so viel.«

Schließlich müssen sie aber doch nach Hause. Sie halten Frosch die Hand hin und verabschieden sich.

»Wir sehen uns bestimmt mal wieder«, sagt Frosch, »wir sind hier öfter. Und wenn dich dein Vater gleich hauen will, kommst du wieder zu uns.«

Die zwei rufen uns anderen ein »Tschüß!« zu und laufen dann nach oben.

Frosch kommt zu uns rüber und legt die Münzen zusammen. Sie nimmt sich fünf Mark und steckt sie ein. »Dann geh ich heute abend zum Konzert.«

Auch Joiny nimmt sich fünf Mark.

Obwohl die zwei niemanden mehr ansprechen, kommt ein Mann an uns vorbei und legt ein Markstück dazu.

»Oh, danke.«

Er sagt nichts.

Joiny teilt das restliche Geld auf und schiebt es Schorsch und mir zu. Es sind für jeden etwas über sieben Mark. Ich nehme drei Mark und sage: »Hier, nehmt ihr den Rest.«

»Nee, ich brauch nichts mehr«, meint Frosch.

»Ich auch nicht«, sagt Joiny.

Das Geld bleibt liegen.

Wir stellen fest, daß wir alle Hunger haben, und Joiny und Frosch bieten an, Schorsch und mir ein paar Brote zu machen. Wir könnten uns bei ihnen in den Hof setzen. Wir brechen auf, und ich nehme das restliche Geld vom Boden. »Hier«, sage ich den beiden, während Schorsch schon vorgeht, »nehmt ihr es.«

»Nee«, meint Joiny.

»Okay«, sagt Frosch, »gib mir noch 'ne Mark, dann kann ich später noch 'ne Pommes essen. Dreißig Pfennig für Majo hab ich noch.«

Noch einmal will ich Joiny das übrige Geld geben, aber sie wird sauer. »Nein, ich will's nicht und laß mir nichts aufdrängen.«

Weil mir darauf nichts mehr einfällt, stecke ich das Geld ein.

Als wir am Haus der beiden ankommen, warten Schorsch und ich im Hof an einem Tisch. Sie bringen uns schließlich jedem zwei Brote: einmal Frischkäse mit Kräutersalz, einmal Frischkäse mit Marmelade. Auch wenn ich mich dabei etwas kitschig fühle, muß ich mir eingestehen, daß ich gerührt bin. Was ich vor ein paar Wochen noch Armut genannt hätte, nenne ich heute Einfachheit. Die Solidarität aus einem sehr schlichten Leben heraus ist für mich beeindruckend. Die zwei Brotschnitten bleiben an diesem Tag das einzige, was ich essen werde.

Da ich nur ein T-Shirt trage, die Temperaturen in diesem Sommer aber viel zu früh gefallen sind, beginne ich zu frieren und reibe mir immer öfter die Arme.

»Frierste?« fragt Frosch.

»Ja, ich hab nicht damit gerechnet, daß es schon so früh so kalt wird - nach dem Juli, den wir hatten.«

»Ich hol dir 'ne Jacke«, sie schaut Joiny an. »Oder?«
Joiny nickt.

»Wie?« frage ich.

»Ja, wir haben oben 'nen Kleiderschrank mit Sachen, die von uns keiner mehr anziehen will.« Sie geht wieder ins Haus, schaut kurz darauf oben aus dem Fenster, hält eine Jacke raus und ruft: »Die hier?«

Ich erkenne nur einen grauen Stoff. »Ja!«

Sie läßt die Jacke fallen, und ich gehe und hebe sie auf. Es ist eine Baumwolljacke mit Kapuze, die wirklich paßt. Von nun an habe ich sie immer dabei.

Als Frosch wieder unten ankommt, sagt sie: »Die ist von Marianne«, sie grinst Joiny an.

»Ist das was Besonderes?« frage ich.

»Ja, irgendwie schon.«

»Warum?«

»Ach, Marianne ist einfach toll.«

Schorsch verschwindet schließlich, und wir drei gehen noch durch die Straßen. In der Mainzer Straße kommt uns von weitem ein junger Mann entgegen. »Brauchen wir noch 'ne Lederjacke?« fragt Frosch. Ich verstehe nicht, frage aber auch nicht nach. Als der Mann auf unserer Höhe ist, greift Frosch ihm blitzschnell an den Kragen.

»Zieh die Jacke aus!«

Ich bin etwas verwirrt und begreife überhaupt nicht, welches Spiel Frosch da nun wieder spielt.

Der Mann wird leichenblaß: »Was soll denn das?«

Joiny steht völlig unbeteiligt da und sieht dem ganzen zu. Ich bin nur überrascht und weiß überhaupt nicht, was ich tun soll.

»Zieh die Jacke aus, hab ich gesagt.«

»Laß die Jacke los«, beschwört der Mann sie.

Frosch zerrt an der Jacke. »Junge, gib die Jacke her, die ist viel zu teuer für dich.«

Joiny und ich stehen immer noch schweigend einen Meter hinter Frosch. Völlig starr sieht der Mann sie an. Sie ist gut anderthalb Köpfe kleiner als er. Dann sagt sie: »Angst, wa?«
Er antwortet nichts.

Sie stößt ihm gegen die Brust. »Ach, verpiß dich!« Sie dreht sich zu uns, und wir gehen weiter. Nicht einen Satz sagt Frosch noch über die Aktion.

In einem Imbiß holt sie sich eine Portion Pommes. Als sie wieder heraus kommt, greift Joiny zu und sagt: »Darf ich?« Sie nimmt noch ein zweites und drittes Mal, da bleibt Frosch stehen und sieht sie an: »Ey...«

»Ja, ich weiß«, sie lacht und dreht sich zu mir. »Würd mich auch annerven, wenn ich mich stundenlang auf 'ne Pommes freue und mir dann andere alles wegfressen.«

Frosch fügt hinzu: »Das ist immer so. Wenn du den Leuten den kleinen Finger gibst, reißen sie dir die Hand ab.«

Wir spazieren weiter durch die Straßen, ohne Ziel, ohne irgendeine Absicht. An einer Straßenecke treffen wir auf Hans, den Dealer, den beide kennen. Er schließt sich uns an und erzählt pausenlos Heldentaten von Konflikten mit der Polizei. Ich beschließe, mich Richtung Zoo abzusetzen.

In der U-Bahn springt kurz vor dem Schließen der Türen ein junger Mann in den Wagen. Seine Kleidung ist an vielen Stellen zerrissen, dreckig und stinkt. Die Bahn fährt an, und er beginnt, laut zu reden.

»Entschuldigen Sie bitte, wenn ich Sie störe, aber ich wäre Ihnen sehr dankbar, wenn Sie mir eine Minute zuhören würden.

Ich bin obdachlos. Am 27. Juni ist das Haus, in dem ich gewohnt habe, abgebrannt. Seitdem finde ich keine neue Wohnung, weil ich arbeitslos bin. Keiner gibt einem Arbeitslosen eine Wohnung. Und einem ohne Wohnung gibt man auch keine Arbeit. Ich bin ziemlich ratlos, was ich jetzt tun soll. Jedenfalls lebe ich jetzt auf der Straße und muß mich erst mal damit abfinden. Ich weiß, daß ich ziemlich fertig aussehe, aber ich wäre Ihnen dankbar, wenn Sie Verständnis für mich hätten und mir eine kleine Spende geben würden.

Danke, daß Sie mir zugehört haben.«

Er geht durch den Gang und hält jedem die schmutzige Hand mit den langen dreckigen Fingernägeln hin.

Solche und ähnliche Geschichten sind täglich in der U- und S-Bahn zu hören. Natürlich stimmen sie so meistens nicht, trotzdem ist den Personen anzusehen, daß es ihnen nicht gut geht.

Zwei der Leute im Wagen geben dem jungen Mann eine Münze. Er bedankt sich höflich.

Es gibt auch Jugendliche, die sich vor Supermärkte stellen und Leute, die den Laden betreten wollen, bitten, ihnen bestimmte Lebensmittel mitzubringen. Mal eine Flasche Milch, mal ein Brot oder Margarine. Diese Art des Schnorrens ist entstanden, weil viele Menschen sich weigern, Geld zu geben, denn es wird »ja doch nur in Drogen umgesetzt«. Sie sind durchaus aber bereit, Lebensmittel zu bezahlen. Auch für den Hund.

Bambi hat mir erzählt, daß sie früher meistens sehr erfolgreich war beim Schnorren. »Aber es kommt drauf an«, meinte sie, »am beschissensten war es immer, wenn ich zu spät angefangen habe zu schnorren. Dann kam ich langsam auf Turkey, hatte Schmerzen, war nervös und schnell gereizt. Ich hab die Leute auch richtig angemacht, wenn sie mir kein Geld gegeben haben. Aber oft habe ich es in einer halben Stunde auf 50 Mark gebracht. Das Wichtigste ist, daß man früh genug anfängt. Wenn man noch gut drauf ist, kann man die Leute auch ganz anders ansprechen. Dann läuft's auch. Wenn man erst auf Turkey ist, geht nichts mehr. Wenn dir alles weh tut, kannst du nicht gut schnorren.«

Es gibt verschiedene Arten, Geld zu schnorren. Der beste Ort ist der Bahnhof: hier sind viele Menschen, hier wird mit

Geld hantiert, hier entstehen Wartezeiten, die für einen kurzen Kontakt gerade richtig sind. Der bevorzugteste Platz ist deshalb der Fahrkartenautomat. Wer dort ansteht, hat das Kleingeld schon in der Hand, ohne erst danach suchen zu müssen. Und die Ausrede »Kein Kleingeld« fällt auch weg.

Viele Kids setzen sich in die Gänge, die zu den U-Bahnsteigen führen, und sprechen die Vorübergehenden direkt an. Andere sitzen unmittelbar neben dem Fahrkartenautomat. Auf jeden Fall müssen sie die Leute direkt ansprechen, denn sonst reagiert niemand auf Bettelnde.

Viele Cliquen gehen darüber hinaus strategischer und auch arbeitsteilig vor. Die Kids wissen sehr genau, was »zieht«: Je jünger, desto besser. Und: Mädchen haben es einfacher als Jungen. Elli hat mir einmal erzählt, daß die Jüngeren unter ihnen ganz gezielt zum Schnorren »geschickt« wurden. Auch Bambi zählte einige Zeit zu diesen Jüngsten. Am geeignetsten sind also die ganz jungen Mädchen. Aber mehr noch meinte Elli, es gäbe durchaus in den Jugendcliquen die Bereitschaft, körperlich oder geistig Behinderte mit »durchzuziehen«. Einerseits sind die Gruppen bereit, diese Kids mit zu versorgen, ihnen zu helfen, andererseits aber müßten diese sich dann gefallen lassen, beim Schnorren in den Vordergrund geschoben zu werden.

Ich gehe schließlich durch den S-Bahnhof zum Fernsehturm. Das *Karuna-Mobil* steht dort, zwei Mitarbeiter verteilen »Freßpakete« mit belegten Broten, einem Stück Gurke und einem Apfel an Leute, die hier rumhängen, nicht nur an Kinder und Jugendliche.

Ich gehe um den Fernsehturm herum und setze mich auf eine Bank neben dem großen Springbrunnen. Touristen stehen hier und fotografieren sich vor den Fontänen. Kinder spielen mit kleinen Booten auf dem Wasser. Von rechts nähert sich ein Penner, der die Abfalleimer neben jeder Bank durchstöbert. Auf dem Kopf trägt er einen Kopfhörer. Er sucht in erster

Linie Pfandflaschen. Hinter einer Bank sieht er an einem Baum eine Liter-Flasche Limonade liegen, die noch rund ein Viertel voll ist. Er nimmt sie und hält sie gegen das Licht. Dann schraubt er sie auf, kneift ein Auge zu und schaut in die Öffnung. Noch einmal hält er sie hoch und sagt dabei: »Mensch, Mensch, Mensch, einfach weggeworfen.« Er setzt die Flasche an, trinkt einen Schluck, setzt kurz ab und läßt sich dann den Rest in den Hals laufen. Die leere Flasche steckt er in seinen Stoffbeutel.

Nachdem er noch drei Abfallkörbe durchsucht hat, geht er hinüber zum Wasserbecken, die Tasche über die Schulter gehängt. Er kniet sich an den Rand des Beckens, nimmt den Kopfhörer des Walkmans ab und beugt sich leicht vor, schöpft mit beiden Händen Wasser und wäscht sich das Gesicht, dann die Hände. Zum Abtrocknen fährt er sich mit den Ärmeln über das Gesicht, erst mit rechts, dann mit links.

Ich gehe durch die Grünanlage und sehe ein Mädchen und einen Jungen auf einer Parkbank, die sich verschüchtert die Hände halten. Sie sehen sehr brav aus, sind ordentlich gekleidet, gepflegtes Haar, polierte Schuhe. Der Junge beginnt, seine Freundin am Hals zu streicheln. Sie rührt sich zunächst nicht, dreht sich dann aber ihm zu, und sie knutschen, sehr ausführlich, sehr lange.

An einem Strauch steht ein kleiner Junge mit Stoppelschnitt und pinkelt. Ich erkenne ihn wieder: Es ist der, dem ich gleich zu Anfang am Alex begegnet bin, der pummelige mit der rauhen Stimme. Er ist fertig und geht zum Bahnhof. Ich folge ihm. Er geht einen U-Bahn-Eingang hinunter, biegt in den Gängen noch zweimal ab und setzt sich dann auf die unterste Stufe einer Treppe. Kaum sitzt er, legt er auch schon los: »Haben Sie wohl 50 Pfennig für mich?« Eine Zeitlang beobachte ich ihn. Seine Stimme und sein Aussehen passen so wenig zu seinem Alter, daß kaum jemand so etwas wie Mitleid zu empfinden scheint. Seine Einnahmen halten sich jedenfalls in Grenzen. Er wirkt so hoffnungslos verloren dort auf der untersten Stufe, klein, wie er noch ist, und immer nur auf Kniehöhe all der Menschen, die hier auf und ab gehen.

Mit der S 7 Richtung Potsdam fahre ich schließlich weiter und steige am Zoo aus. Ich gehe zur Gedächtniskirche. Kaum stehe ich auf dem großen Platz, sehe ich Chris und Tina, die zwei Neuen von der Bahnhofsmission neulich, über die Tauentzienstraße kommen. Beide halten ein riesiges Eis in der Hand, tragen immer noch sehr saubere Kleidung und gehen nun auf den Eingang des Europa-Centers zu. Das Center ist eine große Geschäftspassage voller Luxusartikel. Außerdem gibt es dort ein offenes Restaurant, das unter anderem Tische inmitten einer großen Springbrunnenanlage aufgestellt hat. Wer sich in der Passage auf den Boden setzt, um mal auszuruhen und dabei nicht den Eindruck von Gymnasiasten auf Klassenfahrt macht, hat schnell jemanden vom Aufsichtspersonal neben sich stehen, der bittet, hier nicht rumzuhängen. Alles geschieht selbstverständlich sehr diskret.

Kurz vor der Rolltreppe hole ich Chris und Tina ein, hinter ihnen stehend, sage ich:

»Ach, ein so großes Eis könnt ihr euch leisten.«

Erschrocken drehen sie sich um, sofort aber entspannen sich ihre Gesichter. »Hey, hallo!«

»Stell dir vor«, meint Tina, »dafür wollen die sechs Mark haben.« Sie haben also zwölf Mark für Eis ausgegeben.

»Woher habt ihr soviel Geld?«

»Geschnorrt.«

»Was machst du hier?« will Chris wissen.

»Och, nichts.«

»Wir gucken uns die Geschäfte an«, geht Tina wieder dazwischen, »gehste mit?«

»Ja, okay.«

Es ist Donnerstag, und die Geschäfte haben länger geöffnet. Massen schieben sich durch die Gänge. Am meisten wird in einem Posterladen verkauft, wo es 3-D-Bilder gibt. In der ersten Etage sitzt ein Mann, der Karikaturen malt. Tina setzt sich auf den Klappstuhl und sagt: »Willste mich malen?«

»Das kostet 50 Mark«, antwortet der Mann.

»Ach, Geld will der auch noch dafür«, Tina springt auf und kommt wieder zu Chris und mir, »daß er mich malen darf.«

Wir lachen alle, auch der Zeichner, der uns amüsiert nachschaut.

Wir verlassen das Europa-Center und setzen uns draußen auf den Platz, wo die zwei Mädchen ihr Eis zu Ende essen.

»So«, meint Tina, »jetzt brauch ich 'ne Zigarette.«

»Dann hol dir welche.«

»Nee, ich schnorr mir nur eine.«

»Du schnorrst dir keine!« meint Chris, aber Tina ist schon aufgesprungen und auf ein älteres Paar zugegangen. Rauchend kommt sie zurück.

»Ich sag dir, das war das letzte Mal, sonst kannst du verschwinden!«

Ich bin völlig überrascht über diesen rauhen Ton der bislang so zurückhaltenden Chris. Ihren Ärger verstehe ich überhaupt nicht.

»Du hast doch neulich auch Zigaretten geschnorrt«, sage ich.

»Wo?«

»Na, als wir bei der Mission saßen.«

»Da hatten wir auch kein Geld.«

»Na und?«

»Wenn man Geld hat, braucht man nicht zu betteln. Wir haben jetzt Geld. Wenn wir keins mehr haben, müssen wir ja sowieso wieder schnorren.«

»Ja, eben«, sage ich.

»Nein, aber jetzt nicht.«

Diese strenge Moral überrascht mich. Chris hat offenbar Sorge, daß meine Einwände ihre Autorität bei Tina untergraben, und spricht sie wieder an: »Hast du verstanden? Wenn du rauchen willst, kauf dir Zigaretten. Ich sag's das allerletzte Mal!«

»Jetzt schrei mich nicht so an und spiel dich nicht so auf.«

»Ich spiel mich nicht auf!«

Die Verhaltensweisen haben sich völlig umgedreht. Das blonde Mädchen mit dem puppenhaften Gesicht wird diejenige, die laut und aggressiv den Ton angibt. Tina verstummt immer mehr, sieht betreten auf den Boden. Ich erahne etwas davon, wie diese beiden miteinander auf der Straße überleben, wie sie sich ergänzen, wie sie ihren Alltag durchstehen.

Tina hat sich offenbar entschlossen, die Situation zu entkrampfen, sie versucht, den Streit auf eine lächerliche Ebene zu ziehen. »Dududu, das darf man aber nicht. - Ja, Mama, ich tu's auch nicht wieder.« Sie grinst, hat sich aber in der Wirkung ziemlich verschätzt. Chris friert noch weiter ein, dreht den Kopf weg und sagt: »Mach nur so weiter, Fräulein...«

Ich traue meinen Ohren nicht und rufe mir in Erinnerung, daß das die Fünfzehnjährige zur Siebzehnjährigen sagt.

»Jetzt krieg dich wieder ein!« schreit Tina und ihr schießt tatsächlich das Wasser in die Augen. Sie scheint von Chris' Zuneigung absolut abhängig zu sein. Sie empfindet die Situation offenbar als sehr bedrohlich.

»Paß auf, daß ich dir nicht noch in die Fresse haue!«

Während ich laut auflache, schweigt Tina und sieht zu Boden. »Als könntest du jemandem ins Gesicht schlagen«, sage ich. Chris antwortet nicht und dreht auch nicht den Kopf zu mir.

Statt dessen scheine ich Tina eine geeignete Gelegenheit zu bieten, denn sie reagiert sofort:

»Die? Hast du 'ne Ahnung. Und *wie* die zuschlagen kann. Wir haben heute nacht bei einer Oma geschlafen. Wir haben ihr gestern abend erzählt, daß wir auf der Straße wären und ob sie uns nicht eine Nacht mal bei sich pennen lassen kann. Die hat echt Ja gesagt. Heute früh wollten wir dann ein paar Sachen mitgehen lassen, aber die hat irgendwie gemerkt, daß wir in den Zimmern rumstöbern. Dann hat sie sich heimlich zum Telefon geschlichen und wollte die Bullen anrufen. Aber sie da hat's gemerkt und ist hin und hat ihr voll einen gegeben. Aber so...« Sie macht eine Faust.

»Halt die Klappe jetzt!« Chris dreht sich ganz kurz rum.

»Jawohl, so war's. Das darf ich nicht sagen! - Aber ich darf nicht mal 'ne Zigarette schnorren.«

»Habt ihr deshalb soviel Geld?«

Tina nickt.

Es gibt inzwischen viele Berliner, die solche oder ähnliche Erfahrungen machen mußten. In irgendwelchen Situationen werden sie von Minderjährigen angesprochen. Diese erzählen, daß sie auf der Straße leben würden, keine Eltern mehr hätten. Daraufhin entschließen sie sich, die Kids mit nach Hause zu nehmen. Das leere Zimmer der inzwischen ausgezogenen eigenen Kinder oder das Zimmer unter dem Dach eignen sich, notleidenden Kindern zumindest vorläufig einen Unterschlupf zu bieten. Die ersten Tage laufen gut. Doch dann kommt der harte Einbruch. Die ersten Gegenstände werden vermißt, dann Bargeld, plötzlich alles auf einmal, und die Kids werden niemals wiedergesehen.

Dies sind auch alltägliche Erfahrung von Sleep Ins. Das sind Häuser, die den Kids für etwa zehn Nächte pro Monat einen Schlafplatz bieten. Es wird Buch geführt. Die Bedingungen sind sehr unterschiedlich, laufen in der Regel aber darauf hinaus, daß man abends um 22 Uhr da sein und morgens um 10 Uhr das Haus wieder verlassen muß. Drogen aller Art sind nicht erlaubt. Darüber hinaus garantieren die Sleep Ins, daß keine Polizei ins Haus kommt und auch die Listen nicht weitergegeben werden. Damit dies eingehalten werden kann, liegen meist Absprachen mit der örtlichen Polizei vor.

Der Anspruch in diesen Häusern kann sehr verschieden sein. Manche versuchen, pädagogisch an die Kinder heranzukommen, andere verzichten darauf. Da auch in diesen Häusern hin und wieder geklaut wird, gibt es Mitarbeiter, die selbst das noch als Unterstützung der Kids begreifen. Nach dem Motto: Wer so wenig von dieser Gesellschaft zu erwarten hat, muß klauen, also auch im Sleep In. So kommt es durchaus vor, daß der Fernseher plus Video-Anlage in einer Nacht aus dem Aufenthaltsraum gestohlen wird. Einzige Folge: Wochenlang fällt der Fernseher als Freizeitangebot eben aus, da er bei der zuständigen Verwaltung neu beantragt werden muß.

Die Sleep Ins sind mit den neuen Gegebenheiten genauso überfordert wie andere Sozialeinrichtungen. Pädagogische Grundsätze werden zum Teil ganz verworfen, weil sie nicht mehr funktionieren. Statt dessen wird die aus der Not entstandene Lage zum Programm erklärt: Angebote an die Kids können nur noch unverbindlich sein. Wenn sie nicht angenommen werden, dann hat es eben nicht funktioniert. So stehen diese Projekte oft hart an der Grenze, das Konsumverhalten der Kids nur noch zu unterstützen: Sie saugen die Projekte mit ihren Möglichkeiten aus, soweit es geht. Für die meisten Pädagoginnen und Pädagogen steht ohnehin fest, daß den Kids Liebe und dauerhafte Zuneigung fehlen, und das können Sozialeinrichtungen ohnehin nur in Ausnahmefällen bieten. Es geht also lediglich um das Lindern materieller und körperlicher Not.

Die Gesellschaft entläßt ihre Kinder auf die Straße, ohne ihnen je auch nur irgendwie das Gefühl gegeben zu haben, um ihrer selbst willen geliebt zu werden, sich in einer dauernden Zuneigung geborgen fühlen zu können. Gelernt haben sie statt dessen zu konsumieren.

Die Situation mit Chris und Tina hat sich wieder entspannt. Wir albern jetzt herum. Ich frage, wie sie die Nacht verbringen wollen, bekomme aber keine konkrete Antwort. »Ach, mal sehen.«

Ein Bekannter von mir kommt vorbei und gesellt sich zu uns. Tina beginnt ihn nach und nach mit ihrem kindlichen Charme anzumachen. Ich versuche, mit Chris ins Gespräch zu kommen, aber es gelingt mir nicht richtig. Sie bleibt sehr distanziert. Das Gealber zwischen Tina und meinem Bekannten wird direkter. Schließlich steht Chris auf. »Ich muß mal, gehst du mit?« Sie streckt Tina die Hand hin, worauf diese aufsteht und mit ihr geht. Die beiden verschwinden zur öffentlichen Toilette.

Als sie auch nach zwanzig Minuten nicht zurück sind, ist mir klar, daß sie auch nicht mehr kommen werden. Ich vermute, daß Chris glaubte, wir zwei Männer würden die beiden für die Nacht abschleppen wollen.

Schleichende Kriminalisierung

Kinder, die sich entscheiden, von zu Hause abzuhauen, sind quasi-kriminalisiert, denn es wird ihnen schon vom Gesetz her nicht zugestanden, sich für ein Leben auf der Straße zu entscheiden. Es ist eigentlich absurd, daß in unserer Gesellschaft zuerst damit reagiert wird, diese Kinder zu Übeltätern zu erklären, statt ernsthaft besorgt zu sein und nach konstruktiven Angeboten zu suchen. Den meisten Straßenkindern ist klar, in welches Abseits sie dadurch gestellt werden. Nachdem man sie für kriminell erklärt, bleibt ihnen gar nichts anderes übrig, als kriminell zu handeln.

Ich telefoniere mit der Landespolizeidirektion in Berlin, dem Referat für Öffentlichkeitsarbeit. Ich will wissen, wie die Polizei mit den obdachlosen Kindern in Berlin umgeht, worin sie ihre Aufgaben sieht.

»Jetzt muß ich Sie zunächst korrigieren«, sagt die Beamtin am anderen Ende der Leitung, »es gibt in der Bundesrepublik keine obdachlosen Kinder.« Ich bin überrascht. Selbst vom Bahnhof Zoo sei ihr diesbezüglich »nichts bekannt«.

Kinder bis zu 16 Jahren haben in Deutschland das Recht auf ein Obdach, dies ist notfalls sogar dem Staat gegenüber einklagbar. Da das nun so ist, gibt es zwar »weggelaufene« Kinder, aber keine »obdachlosen«. Diese Kinder werden ja gesucht, und ihnen wird ein Obdach sofort dann gegeben, wenn sie aufgegriffen sind.

Dies mag in vielen Fällen eine durchaus sinnvolle Regelung sein, aber den von zu Hause weggelaufenen Kindern wird dieses Recht zur Pflicht. Wer nämlich unter 16 Jahre alt ist, sich nicht mit einer Meldeadresse ausweisen kann oder als vermißt gemeldet ist, wird von der Polizei mitgenommen. Die Kids bekommen dann ein Obdach, ob sie wollen oder nicht. Und das, das sie dann bekommen, wollen sie schon gar nicht, nämlich das eines Heimes oder das der Eltern. Ein Recht auf ein Leben auf der Straße gibt es nicht.

Nun bin ich also zunächst einmal informiert, frage die Beamtin aber weiter.

Da die Kids die Konsequenzen dieser Quasi-Kriminalisierung umgehen wollen, legen sie sich oft eine fremde Identität zu, besonders die Kinder mit »Fluchtroutine«, wie ich erfahre. Die Findung der wahren Identität ist für die Polizei oft das größte Problem. Wenn sich ein Fünfzehnjähriger die wichtigsten Eckdaten eines volljährigen Freundes einprägt, bleibt er oft unbehelligt von weiteren Fragen der Polizei. Noch größer und oft gar nicht zu lösen sind diese Schwierigkeiten bei Sinti- und Roma-Kindern, da es bei ihnen meistens gar keinen Wohnsitz im üblichen Sinn gibt. Die Eltern sind oft nicht auffindbar. Den Kids droht die Heimunterbringung.

Es ist also allzu verständlich, wenn die Kinder Zusammenstöße mit der Polizei vermeiden. Aber dieses Untertauchen geht meist viel weiter. Die meisten Kinder rechnen damit, daß ihre Eltern eine Vermißtenanzeige aufgeben. Um sich also nicht selbst auszuliefern, melden sich die Kids gar nicht erst beim Einwohneramt an. Damit wiederum sind sie nicht in der Lage, Sozialhilfe und andere Unterstützungen zu erhalten. Kindern also, die sich entschlossen haben, den Eltern oder anderen Erziehungsberechtigten zu entfliehen, bleibt nichts anderes übrig, als sich jenseits legaler Möglichkeiten Geld und Unterkunft zu beschaffen. Das gilt erst recht für alle Kids wie Bambi, die von Drogen abhängig sind.

Häufig sind es zunächst kleinere Geschäftchen, *Deals*, noch weit davon entfernt, ungesetzlich zu sein, mit denen sich so mancher eine Geldquelle auftut. Manni beispielsweise hatte sich eine kleine Dienstleistung ausgedacht.

Ein Geschäft am Alex verkauft in der Sommerzeit einheimische Früchte in Körben. Diese Körbe kosten 2 Mark und können zurückgegeben werden. Die Lebensmittelabteilung liegt in der zweiten Etage. Manni stellte sich vor das Geschäft und sprach die Leute, die mit einem leeren Korb auf den Eingang zukamen, an und fragte, ob er ihnen den Weg nach oben abnehmen solle. Dafür bekämen sie von ihm nur 1 Mark Pfand

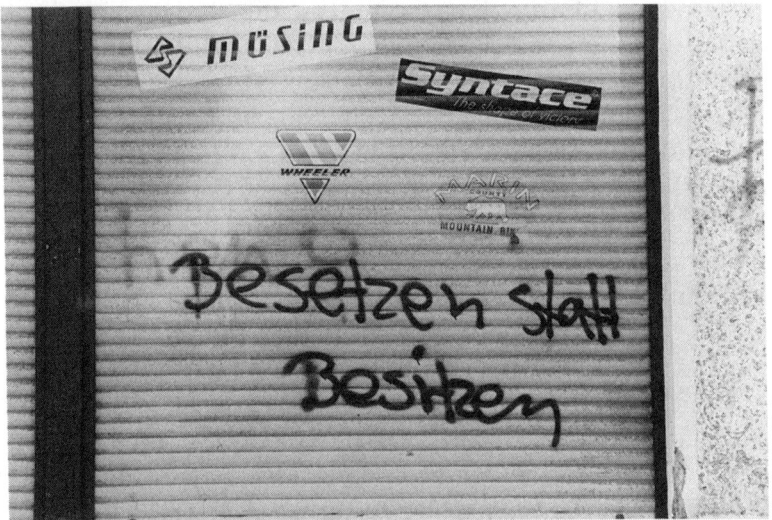

zurück. Viele Leute erkannten, daß es sich um den Gelderwerb eines Kindes handelte und waren bereit zu dem Handel.

Andere Jugendliche stehen an den Ampeln großer Kreuzungen wie am Kottbusser Tor und bieten den bei Rot haltenden Autofahrern an, die Windschutzscheiben zu putzen. Wer alleine arbeitet, schafft es knapp in den 35 Sekunden, die Scheibe einzuseifen und abzuziehen. Oft arbeiten sie aber auch zu zweit. In der Regel gibt es 50 Pfennig oder 1 Mark als Lohn, wobei viele Autofahrer vorher schon ablehnend winken. Andere lasse sich zwar die Scheibe putzen, kurbeln aber dann doch nicht die Seitenscheibe herunter, um den Jugendlichen Geld zu geben. Wer kein Kleingeld parat hat, zahlt auch hier mit Zigaretten.

So manche Kids auf der Straße sind fortwährend an kleineren Geschäftchen beteiligt, meistens handelt es sich um gestohlene Gegenstände, die irgendwohin weiterverkauft werden: Kleidung, Schuhe, Radios, Autozubehör und vieles andere. Untereinander hingegen dominiert das Tauschgeschäft: ein Videorekorder bringt etliche Gramm Haschisch, und Kleidung wird sowieso häufig untereinander getauscht.

Bestimmte Cliquen allerdings sind in wirklich große Aktionen einbezogen. Bens knappe vier Jahre auf der Straße geben ein beredtes Beispiel.

Ben nennt Autos seine schlimmste Droge, genauer: Autofahren - und das, obwohl er auch schon kurzzeitig auf Heroin war, aber davon ist er runter. Der Fünfzehnjährige kennt die Autotypen wie sonst nur Kfz-Mechaniker. Doch die Autos selbst machen nur 40 Prozent des Reizes aus, wie er sagt. Die anderen 60 Prozent sind das Fahren und in erster Linie natürlich das schnelle Fahren.

Autofahren hat er schon mit 13 Jahren gelernt. Er war damals in einer Gruppe unterwegs. Sie hatten soeben zwei Fahrzeuge geknackt und waren nun auf dem Weg von Hamburg nach München. Da sie zwischendrin die Wagen tanken mußten, fuhren sie eine Autobahnraststätte an, was Ben dazu nutzte, schnell mal pinkeln zu gehen. Als er zurück kam, war eines der Autos bereits weg. Er suchte seine Kumpels in der Raststätte, fand sie aber nicht. Dann dämmerte es ihm. Er ging zu dem Wagen und fand einen Zettel: »Wir sind schon mal vorgefahren«.

Mulmig sei es ihm damals schon gewesen, aber er hätte ja keine Wahl gehabt. Außerdem wollte er den Anschluß an seine Kumpels nicht verlieren. Also gab es nur eins: Bleifuß.

Eine kleine Umstellung war dann noch der Stadtverkehr, aber auch der war schnell kein Problem mehr.

Mit den Monaten lernte er nicht nur die Autotypen genauer kennen, sondern vor allem die Schlössertypen. Was er beim Knacken der Tür- und Zündschlösser nicht von seinen Kumpels erfuhr, lernte er durch Übung. Er ist noch heute ziemlich überrascht, wie simpel besonders Türschlösser immer noch konstruiert werden. »Da bauen sie alle möglichen Details mit der kompliziertesten Technik«, meint er, »aber für die Türschlösser lassen sie sich nichts Neues einfallen.« Die meisten Autos sind für ihn jedenfalls kein Problem. »Total einfach zu knacken sind Opel, da brauch ich keine anderthalb Minuten, bis die Kiste läuft.«

In Sachen Autos ist Ben ein Profi, keine Frage.

Zuerst knackt er Autos nur, um damit zu fahren. Dann aber findet er Anschluß an eine Gruppe, die mit den Karossen Crash-Rennen fährt. Sie fahren gegenseitig aufeinander los, drängen sich seitlich ab oder fahren auf Wiesen und Feldern Rallyes, was das Zeug hält. Lange machen das die Autos natürlich nicht mit, so daß sie ihnen schließlich vor einem Baum den Rest geben. Selbstverständlich erst, wenn der Tank fast leer gefahren ist.

Daß das nicht immer ohne Verletzungen abläuft, versteht sich von selbst. Neben Prellungen und Platzwunden trägt Ben einmal auch einen Nasenbeinbruch davon.

Wettrennen und Crash-Fahren sind für ihn auch heute noch ein absoluter Kick. Mit dem Autohandel allerdings will er nichts mehr zu tun haben.

»Ja«, sagt Ben, »hätte ich heute die Hälfte der Kohle, die ich in den Jahren mit Autos verdient habe, besäß ich jetzt eine Villa am Wannsee.« Das mag ein bißchen übertrieben sein, aber immerhin behauptet er, annähernd 1000 Autos geknackt zu haben. Anfangs verdient er sich sein Geld mit dem Verkaufen einzelner Autoteile wie Spiegel, Radkappen oder Autoradios.

Schon bald aber bekommen Ben und seine Kumpels Kontakt zu Schieberbanden in Norddeutschland. »Die fragen nicht lange, wer ihnen die Kisten bringt.« Gefragt hingegen sind in erster Linie die gehobenen Modelle. So stellen Ben und seine Kumpels gezielt um, für diese Zwecke jedenfalls. Sie klauen nur noch das Feinste vom Feinsten. »Für manche Modelle haben wir bei der Übergabe zwanzig Riesen kassiert, auf die Hand.«

So läßt es sich leben, auch ohne Wohnung. Geschlafen wird ebenfalls in Autos, gelegentlich in besetzten Häusern. Und damit die Fahndung erst gar keine Chance hat, die Kids in einem als gestohlen gemeldeten Wagen zu erwischen, dürfen sie keinen Wagen längere Zeit behalten, sondern müssen sich immer wieder neue besorgen. Aber selbst die schnellen Wechsel werden bald zum Selbstzweck. Die Zahl der geknackten Autos pro Nacht steigt. Selbst wenn Ben heute damit nichts mehr zu tun haben will, bringt er es hin und wieder immer noch auf vier Autos pro Nacht, »aber nur zum Fahren«.

»Manchmal entschließen wir uns, nach Hamburg rüber zu fahren. Ich kenn da noch Leute. Dann nehmen wir uns ein Auto und fahren hin. Für die Rückfahrt klauen wir uns aber ein anderes. Es kommt auch vor, daß wir uns dann hier noch mal ein anderes klauen und wieder rüber fahren. Und das gleiche noch einmal zurück. Wir sind die Strecke schon viermal in einer Nacht gefahren.«

Zur Zeit hat er das seltene Glück und besitzt einen Schlüssel von einem Renault. »Der Typ, dem der Wagen gehört, hat den Zweitschlüssel liegenlassen. Da hab ich ihn genommen. Jetzt leihen wir uns manchmal seine Kiste aus. Früh morgens stellen wir sie ihm wieder hin.« Lange wird das natürlich nicht unbemerkt bleiben.

Neben den Kontakten zu den Schieberbanden bestanden auch welche zu Russen in den östlichen Bundesländern. »Die Russen haben uns die Kisten auch abgenommen. Sie verfrachten sie nach Rußland; dort fragt kein Mensch danach, woher sie kommen.«

Aber so locker, wie sich das anhört, waren die letzten Jahre für Ben nicht. Vor einiger Zeit sind zwei Kumpels von ihm bei einem Autounfall ums Leben gekommen. Ein anderer ist an einer Überdosis gestorben. Er selbst verbrachte seinen vierzehnten Geburtstag im Erwachsenenknast. Lieber wollte er einige Wochen im Knast aushalten und anschließend wieder machen können, was er will, als erneut zurück zu den Eltern. Obwohl er heute glaubt, daß die Polizei durchaus wußte, daß seine Angaben nicht stimmten, geschah nichts. Bei seiner nächsten Festnahme wegen Autodiebstahls korrigierte er die Angaben. Er kam in Jugendarrest. Allerdings meint er, einen Unterschied der beiden Haftanstalten habe er nicht bemerkt. In der Jugendstrafanstalt kommt es zu seinem Zwangsentzug vom Heroin. Das war hart, auch wenn er nicht wirklich abhängig war vom Stoff. Immerhin ist er seitdem *clean*. Ansonsten stellt er nüchtern fest: »Gekümmert um mich und meine Rechte hat sich in der Zeit eigentlich keiner. Einen Anwalt hatte ich nicht.«

Ein vierwöchiger Arrest steht ihm auch jetzt wieder wegen einer älteren Geschichte ins Haus. So sehr er auch die »krassen Erinnerungen« aus der Zeit als Straßen- und Crash-Kid hinter sich lassen will, die Vergangenheit holt ihn immer noch ein. Seine Erfahrungen mit dem Jugendamt und dem Jugendgericht sind unterschiedlich, aber »teilweise sind die ziemlich beknackt«.

Daß es Kinder wie ihn gibt, ist für Ben nichts sonderlich Schlimmes. »Kids wie mich gibt's nun mal, aus.« So sehen es auch Manni und Elli. Und kriminell zu handeln finden sie auch wieder nicht so dramatisch: Das machen irgendwie doch fast alle. Elli sagt, sie hätte auch keine Angst vor dem Knast. »Nein«, meint sie, »das wär halt eine neue Erfahrung, sonst nichts. Vielleicht würd es mich davon abhalten, etwas noch mal zu tun.« Sie findet es völlig okay, den Reichen etwas wegzunehmen oder edle Autokarossen zu beschädigen. »Nur Arme beklaut man nicht.«

Als ich Elli einmal frage, ob sie sich politisch links fühlen würde, antwortete sie: »Ich *fühl* mich nicht so, ich *bin* links.«

Eine verblüffend entschiedene Aussage einer Sechzehn-
jährigen.

Solche Zuschreibungen weist Ben energisch zurück. Auch
mit den Besetzern in seiner Straße hat er nicht viel im Sinn,
obwohl er immer mal wieder mit welchen Kontakt hat.

Keine Frage langen Überlegens ist die politische Zu-
schreibung für Frosch und Joiny. Sie zählen sich zum links-
autonomen Milieu. Obwohl sie natürlich mit parteipolitischen
Überlegungen nicht besonders viel Zeit zubringen, tendieren
sie am ehesten zur PDS, »die GRÜNEN sind schon viel zu
etabliert, und den Rest kann man eh vergessen. Alles Faschisten.«

Die Autonomen haben bei vielen Kids große Sympathien.
Sie trotzen in den nicht-legalisierten besetzten Häusern am
entschiedensten den polizeilichen Räumungsaktionen. Sie
»halten« ihre Häuser mit Mollys (Molotow-Cocktails) und
Pflastersteinen und haben erst gar nicht das Interesse, nach
einer Legalisierung auch noch Miete zu bezahlen. Da in einigen dieser Häuser Solidaritätsveranstaltungen für Antifaschis-

mus und die RAF organisiert werden, finden sich dort zahlreiche Bewohner, die Verfahren wegen Paragraph 129a, Unterstützung einer terroristischen Vereinigung, am laufen haben. Das Klima ist oft leicht angespannt. Einige hätten auch, so meint Joiny, wegen dieser Situation eine »Paranoia«. Damit meint sie, daß sich manche unentwegt bedroht fühlen würden.

Viele der Häuser gleichen geradezu Festungen und sind ein sichtbarer Ausdruck der radikalen Aussperrung staatlicher und polizeilicher Organe sowie einer bewußten Selbst-Einsperrung. Hier wollen die Kids endgültig für sich sein und selbst bestimmen, wie sie wohnen, sich ernähren, ihre Freizeit gestalten.

Die Erdgeschosse der Häuser sind mit Stahl, Metall und Eisengitter gesichert. Holztüren werden durch Eisentüren ersetzt oder zumindest von innen verstärkt. Wer in die Häuser herein will und nicht selber dort wohnt, muß klingeln. Dann öffnet sich irgendwo oben ein Fenster, und jemand sieht hinunter, wer vor der Tür steht. Wer bekannt ist, bekommt einen Schlüssel hinunter geworfen, den man oben wieder abgeben muß. Wo die Klingeln nicht funktionieren, muß man laut rufen, bis jemand am Fenster erscheint.

Diese Festungen geben aber auch das Gefühl von Stärke. Endlich hat man all den Vereinnahmungsversuchen von Eltern, Schule und Staat etwas entgegen zu setzen - und wenn es eine radikale Aussperrung ist.

Dazu kommt für viele - auch für die Jüngeren schon - der Eindruck, daß die Polizei gegen links-autonome und »antifaschistische« Aktionen ungleich brutaler zu Werke geht als gegen die rassistischen Anschläge der rechten Jugendlichen, Skinheads und Neofaschisten. Ihre Erfahrungen zeigen, daß das Aufhängen eines Plakats für die Freilassung der RAF-Gefangenen eher als politische Straftat behandelt wird als das Malen eines Hakenkreuzes auf eine Hauswand, was oft lediglich als Sachbeschädigung gilt. So entsteht bei manchen nicht nur das Bewußtsein, eine entschieden linke Tradition erhalten zu müssen, sondern obendrein der Eindruck, zu den einzigen zu gehören, die Deutschland wirklich, und wenn es mit Waffengewalt sein muß, vor einem neuen Faschismus bewahren. Elli meint dazu, daß sie gerade »die Spießer nerven«, denn »die sind manchmal genauso faschistisch drauf wie die Rech-

ten, und das ist dann viel gefährlicher - die Skins erkennt man wenigstens gleich«. Elli will sich mit ihnen auseinandersetzen können.

Spießer »nerven« auch Joiny, schon alleine wegen »der Anmache, bloß weil man nicht so rumläuft wie sie. Wer solche Klamotten an hat wie wir, muß sich blöde Sprüche von denen anhören. Die sollen uns doch einfach in Ruhe lassen.«

Wer als Kind ungemeldet in besetzten Häusern wohnt, kein Geld hat, gesucht wird und an politischen Aktionen teilnimmt, muß schon mit einem Bündel von Kriminalisierungen leben. Wer in solchen Zusammenhängen sein Leben eingerichtet hat, kann über kleinere Delikte nur noch schmunzeln, auch mit fünfzehn schon. Joiny beispielsweise ist beim Schwarzfahren erwischt worden. Das Bußgeld von 60 Mark hat sie natürlich nicht bezahlt, und so wuchs der Betrag auf inzwischen 150 Mark an. Dann wurde sie zum zweitenmal erwischt. Jetzt versucht eine ältere Mitbewohnerin, die Sache für sie ins reine zu bringen. Sie hofft auf eine monatliche Rate, die sie sich dann zusammenschnorren muß.

Ich sitze in der *108*. Es ist Abend, und noch nicht viel los. Ich sitze am Tresen und trinke mein erstes *Berliner*.

Rolf und Uli stehen hinter dem Tresen. Rolf räumt Bierflaschen in einen großen Kühlschrank, Uli reicht ihm die Flaschen.

»Weißte«, sagt Rolf, »das mit den Autos geht einfach nicht, verstehste? Wir haben dann laufend wieder die Bullen hier. Und dreimal darfste raten, bei wem sie zuerst auftauchen. Bei uns nämlich.«

»Klar«, stimmt Uli zu.

»Wir sind dann die, die die Kisten hierher geschleppt haben. Verstehste, von mir aus können die jede Nacht ein Auto klauen, das ist mir egal, aber sie sollen es verdammt noch mal nicht hier abstellen. Wenigstens ein paar Straßen weiter.«

»Na ja, aber mach ihnen das mal klar.«

»Ich werd ihn mir schon schnappen. Der kommt bestimmt heute noch hier rein, da wett ich drauf.«

Uli zuckt die Schultern.

Rolf ist der älteste Bewohner der *108* und am konsequentesten bemüht, das Funktionieren des Hauses und der Kneipe zu sichern. Er ist es, der die Getränke einkauft, Umbauten organisiert, sich um die Reparatur der zwei Durchlauferhitzer kümmert, die für alle Besetzer der Straße warmes Duschwasser erzeugen. Rund dreißig Personen benutzen die Duschen der *108* öfter und regelmäßig.

Den Hintergrund des Gesprächs mit Uli kenne ich nicht, aber Rolf scheint sich wieder einmal zuständig zu fühlen, jemanden zu einem anderen Verhalten zu bewegen. Dreimal habe ich ihn schon in dieser Rolle erlebt. Er kann dann sehr ungemütlich werden und schon mal jemanden am Kragen über die Theke ziehen.

In der Kneipe bleibt es ziemlich leer. Im Kellerraum spielen zwei Jugendliche Kicker. Gelegentlich kommen zwei, drei Leute herein und gehen kurz darauf wieder, so daß Uli, Rolf und ich einige Zeit als einzige an der Theke stehen. Die beiden überlegen, wie sie am günstigsten ein Auto aus Bamberg nach Berlin holen, um es hier zu verkaufen. Ich schmunzle darüber, daß selbst die fränkische Provinz mit dieser Berliner Szene vernetzt ist.

Ich trinke mein zweites Bier, als Rolf sich plötzlich aufrichtet und einen Jugendlichen neben mir ansieht, der drei Flaschen Bier möchte.

»Alter, wir beide müssen uns mal dringend unterhalten.«

Der Gesichtsausdruck des Jungen friert ein, er bekommt große Augen. »Was ist denn?«

»Du hast doch die geklaute Kiste hier abgestellt.«

Der Junge sagt nichts.

»Habt ihr sie eigentlich noch alle!? Da klaut ihr irgendwo Autos und fahrt die Nacht damit durch die Gegend, und dann habt ihr keine bessere Idee, als sie direkt in der Pfarre abzustellen...«

»Wir wollten es ja zuerst nur ganz kurz hier abstellen und zurückbringen.«

»Das darf hier auch nicht nur ganz kurz stehen, verstehste? Die, die als erste die Bullen am Hals haben, sind nämlich wir, nicht ihr dahinten.« Das Haus, das er meint, gehört einer sozialen Einrichtung und hat zum Ziel, Kindern von der Straße wieder ein Dach über dem Kopf zu geben und ihnen den Wiedereinstieg in ein »normales« Leben zu ermöglichen. »Und da haben wir absolut keinen Bock drauf, verstehste? Und am allerbesten macht man die Bullen auch noch drauf aufmerksam, wenn man es schließlich sogar hier abfackelt.«

»Ey, Rolf, das waren wir nicht, echt nicht!«

»Das ist mir egal, wer es war, die Kiste hat hier nichts zu suchen.«

»Nee, aber das waren wir echt nicht.«

»Stellt eure geklauten Autos überall hin, aber nicht in die Pfarre, verstehste?«

»Ja.«

»Sonst gibt's echt Ärger, ich sag's euch.« Rolf zieht die Augenbrauen hoch.

»Aber wir haben es echt nicht angesteckt. Wir wollten es ja auch wieder wegfahren, aber dann hatten schon alle möglichen Leute dran rum gebastelt.«

»Wenn es hier wieder mehr Streß mit den Bullen gibt wegen euch, dann gibt's hier echt Stunk. Sag das auch deinen Kumpels. Wir haben keinen Bock da drauf, wieder dauernd die Bullen im Haus zu haben.«

Der Junge nickt stumm. Er ist sehr schmächtig und klein.

»Ich steh bei euren Sozis auf der Matte, ich schwör's dir.«

Der Junge blickt ihn an und sagt nichts.

»Was wolltste?«

»Drei Bier.«

Rolf macht den Kühlschrank auf und nimmt drei Flaschen. Der Junge bezahlt und verschwindet.

Da Uli zwischenzeitlich weggegangen ist, stellt sich Rolf jetzt auf meine Höhe. Er hat noch einen verärgerten Gesichtsausdruck von dem Gespräch.

»Stell dir vor: Die haben 'nen Wagen geklaut und stellen den hier ab, fast vor unserer Haustür.«

Ich schüttle den Kopf.

»Und heute Mittag brennt die Kiste auf einmal. Kannste dir ja vorstellen, wie das aussieht und stinkt, wenn so 'ne Kiste ausbrennt. Natürlich hat irgend jemand aus den andern Häusern die Bullen gerufen, obwohl wir schon am Löschen waren. Und die haben natürlich gemerkt, daß die Kiste geklaut war.«

»Und jetzt?«

»Ach, nichts, was wollen sie machen. Aber das ist einfach Scheiße, verstehste?«

»Klar.«

Ich erfahre, daß sich zuerst alle möglichen Leute Ersatzteile aus dem Auto geholt hatten, aber selbstverständlich fühlte sich niemand für den Wagen zuständig. Bis ihn schließlich jemand aus Spaß an der Freude anzündete.

Der ausgebrannte Wagen paßt irgendwie in die Pfarrstraße, die besonders am frühen Abend, wenn sie wegen der fehlenden Straßenbeleuchtung schon recht dunkel ist, ein Flair hat, das an Belfast oder Brooklyn erinnert.

Jetzt kommt einer herein, der schon ziemlich angetrunken ist. Ich schätze ihn ungefähr auf Zwanzig. Nach kurzer Zeit fängt er an, auf »die Spießer« zu schimpfen. Es hört sich ganz so an, als würde er in erster Linie seine Eltern meinen.

»Ey, Alter«, sagt er zu Rolf, »es ist mir scheißegal, es ist mir scheißegal. Auch wenn der Winter saukalt wird, ich halte hier auch noch einen dritten Winter durch, Alter.«

Rolf nickt.

»Und das mit dem Scheißhaus auf'm Bürgersteig ist mir auch scheißegal, Alter, das sag ich Dir. Diese ganzen Spießer nerven mich. Ich kann dir gar nicht sagen, wie die mich nerven. Nur Konsum, Konsum, Konsum. Alter, ich sag dir, es ist mir scheißegal, ich halt auch noch 'nen dritten Winter durch. Ist mir egal, was passiert. Ey, Alter...«

Der Jugendliche wohnt in einem Haus nebenan. Er hat kurzgeschorenes Haar und trägt eine Art Bomberjacke. Wenn ich ihn so ansehe, denke ich, daß er auch »rechts« stehen könnte. So wie auch Ben von seiner früheren »Ausländerfeindlichkeit« erzählt hat, gibt es viele Kids, die von einer rechten in eine linke Denkhaltung wechseln, oder umgekehrt. In der Pfarrstraße hatte es kurzzeitig auch das einzige von Skins besetzte Haus Berlins gegeben. Für viele der Jugendlichen ist Rechts und Links schnell austauschbar, abhängig von persönlichen Erfahrungen, aber auch von allgemeinen Konjunkturen.

»Einen abziehen gehen«

Ich stehe in der U 7 Richtung Rathaus Spandau. Schräg gegenüber sitzt eine Gruppe Mädchen, die wohl in die Disco
wollen. Sie sind alle stark geschminkt, haben Puder aufge-
legt, ihre Augen dunkel betont und ein kräftiges Rot auf die
Lippen aufgetragen. Eine von ihnen trägt einen kurzen schwarzen Rock, Netzstrümpfe und eine glitzernde Bluse. Eine andere eine knappe Hose, die ihre Pobacken nicht ganz verdeckt,
dazu ein helles, weit ausgeschnittenes T-Shirt, durch das ein
schmaler, dunkler BH durchschimmert. Das Shirt ist knalleng
und betont die recht großen Brüste. Sie hat hohe, beige-farbene
Wildlederstiefel mit dicker Sohle an. Sie alle haben Handta-
schen umgehängt. Ihr langes Haar ist aufwendig in Locken
gelegt, es glänzt.

Die Mädchen albern laut miteinander herum. Sie wissen,
wie sie wirken, und zumindest heimlich wirft jeder und jede
im Wagen der Gruppe Blicke zu. So sehr bei manchen die
Mimik auch Empörung ausdrückt, so sehr faszinieren die jugendlichen Körper: die straffe und glatte Haut, die Falten-
losigkeit der Gesichter, und das alles auch noch mit einer an-
scheinenden Leichtigkeit zur Schau gestellt.

An der Yorckstraße steige ich aus und verlasse den U-Bahnhof.

Ich biege in die Bülowstraße und gehe Richtung Potsda-
mer Straße. Es ist Samstag abend, etwa 20 Uhr. Ich habe mich
auf eine harte Nacht eingestellt, denn ich will wieder mal
»durchmachen«. Diesmal geht es mir um die Geschäfte mit
dem Körper, mit dem Sex.

Vom U-Bahnhof Bülowstraße kommt ein junges Mädchen
über die Fahrbahn und geht einige Meter vor mir in die Pots-
damer Straße. Sie trägt Jeans, Turnschuhe und eine weiße Bluse. Ihr strohblondes Haar ist zurückgekämmt und mit Gel ein-

gestrichen, ohne daß es eine richtige Frisur hat. Das Mädchen macht den Eindruck, als hätte sie soeben geduscht und eine frische Bluse angezogen. Immer wieder fährt sie sich über das Haar, zupft die Bluse noch einmal leicht aus der Hose, beugt sich runter, um die Kniestrümpfe unter den Hosenbeinen hochzuziehen. Sie macht einen nervösen Eindruck. Ich schätze sie auf 13 oder 14 Jahre. Sie ist klein und dünn, hat eigentlich eine »knabenhafte« Figur, noch keinen Ansatz von Busen, ist unauffällig.

In einer der Gesäßtaschen stecken ein paar Zettel, die sie herauszieht, kurz draufschaut und wieder flach in die Tasche schiebt. Sonst hat sie nichts bei sich. Wieder zupft sie an der Bluse. Dann bleibt sie an der Ampel Ecke Kurfürstenstraße stehen. Ich stelle mich schräg hinter sie. Sie registriert mich überhaupt nicht und überquert die Straße, als sie sieht, daß die Ampel für die Autos auf Rot schaltet. Sie geht die Kurfürstenstraße weiter, bleibt dann an einer beleuchteten breiten Treppe stehen und setzt sich auf die Stufen. Sie streicht sich noch einmal über das Haar, zieht wieder die Strümpfe hoch und stützt schließlich die Unterarme auf die Knie, dabei auf die Uhr schauend.

Mehrere der Straßen hier gehören zu Berlins bekanntestem Autostrich: Bülowstraße, Frobenstraße, Kurfürstenstraße, Genthiner Straße, Lützowstraße. Hier stehen Frauen rund um die Uhr, tagsüber unauffälliger gekleidet, abends und nachts dafür um so aufreizender. Die Straßen sind altbekannt, spätestens seit Christiane F. Obwohl hier hauptsächlich erwachsene Frauen stehen, bieten gerade diese Straßen auch für Mädchen eine Möglichkeit, an Geld zu kommen.

Das Mädchen auf der Treppehat sich entweder selbst gerade auf das Anschaffen vorbereitet und wartet nun auf den ersten Freier, oder aber sie hat Autokennzeichen und Uhrzeiten auf den Zetteln in der Tasche stehen und ist die Aufpasserin für eine Freundin. Diese Arbeitsweise gibt den Mädchen etwas mehr Sicherheit, wenn sie mit einem Freier davongefahren sind.

Auch Bambi hat hier angeschafft, wenn der Suchtdruck größer wurde und kein Geld für Stoff da war, oder für andere Mädchen Kennzeichen und Uhrzeiten notiert, um so »mitversorgt« zu werden.

Die drogenabhängigen Frauen und Mädchen machen das ohnehin harte Geschäft oft noch schwieriger: Wer kurz vor dem Turkey ist, macht es auch schon mal billiger oder ohne Kondom oder »bläst« für den »Normal«preis. Wer die Chance sieht, die körperlichen Schmerzen mit dem nächsten Schuß wieder für ein paar Stunden los zu sein, macht schnell Kompromisse, die die anderen Frauen mit den Freiern in schwierigere Lagen bringen. Sie müssen dann entsprechende Forderungen von Männern hartnäckig zurückweisen.

Für die Jüngsten auf dem Straßenstrich ist es ohnehin nicht einfach, sich gegen erwachsene Männer zu behaupten, geschweige denn sich durchzusetzen. Und da nützt es zunächst auch wenig, wenn sich die zurückbleibenden Frauen die Autokennzeichen und die Uhrzeiten aufschreiben, wenn eine in einen Wagen steigt und mitfährt. Trotzdem ermahnt diese Strategie so manchen Freier zur Zurückhaltung, besonders wenn Männer, Zuhälter, die Aufpasserrolle übernehmen und die Kennzeichen demonstrativ sichtbar aufschreiben. Aber gerade die jungen Mädchen, die an der Nadel hängen, organisieren ihr Anschaffen oft nicht besonders gut.

An der Ecke Frobenstraße bleibe ich kurz stehen und sehe zurück. Noch immer sitzt das Mädchen allein auf der Stufe, ist noch nicht angesprochen worden. Sie muß sich anders verhalten als die älteren Frauen, die im Licht der Laternen direkt an der Straße und an parkende Autos gelehnt stehen und sich anbieten. Sie darf nicht auffallen, besonders nicht der Polizei, und darf deshalb nicht zu offensiv um Freier werben. Sie muß auf die Männer warten, die sie gezielt suchen, beobachten, die verdeckten Spielregeln kennen und sie schließlich ansprechen.

Die Polizeiwagen fahren diese Straßen im 15-Minuten-Takt ab, bleiben oft auch länger an einer Ecke stehen. Viele der Prostituierten kennen die Beamten und unterhalten sich zwischendurch mit ihnen, wenn auch nie zu lange, denn ein Freier geht nicht auf eine Hure zu, die bei der Polizei steht.

Die Autos, die um diese Zeit durch die Frobenstraße fahren, sind beinahe alle ausschließlich mit *einem* Mann besetzt.

Auch an der Ecke Bülowstraße herrscht reger Betrieb. Hier stehen nur herausgeputzte Frauen, die die üblichen Attribute einsetzen: Stulpenstiefel, hochhackige Schuhe, kurze Röcke, knappe Oberteile, Bodies. Mir fällt eine Asiatin auf, die nur um die 1,60 Meter groß ist, allerdings Mitte Zwanzig sein dürfte, und die lässig einen Stockschirm schwingt. Sie spielt eine Mischung aus der kindlichen Unverdorbenheit eines kleinen Mädchens und der Verführungskunst einer großen Dame.

Ich gehe schließlich zur Gedächtniskirche und weiter zum Bahnhof Zoo. Bambis Freundinnen schleichen zu viert herum, gehen in die zweite Halle und nach hinten. Sie tragen Turnschuhe, Jeans und zu große Baumwollpullover. Ich bleibe der Gruppe auf den Fersen, aber sie löst sich immer wieder auf. Das eine Mädchen trennt sich und geht zurück nach vorne, ist aber kurz darauf wieder da. Zwei überqueren die Jebensstraße und sprechen einige Zeit mit einem Jugendlichen, der als Stricher arbeitet. Ein ausgesprochen hübsches blondes Mädchen scheint der Knotenpunkt der Gruppe zu sein, zu ihr kommen alle immer wieder zurück. Kurzzeitig ist sie alleine und wird von einem älteren Mann angesprochen. Nach einem kurzen Wortwechsel geht sie jedoch weiter. Vor der Bahnhofsmission kehrt sie um.

Die vier sind wieder zusammen und verschwinden in einem der Durchgänge. Ich verliere sie zuerst, finde sie vorne allerdings wieder. Sie spazieren am zweiten Eingang hin und her, mal alle zusammen, mal getrennt. Während die ohnehin zumeist älteren Stricher hier am Zoo sehr offen arbeiten und die Jebensstraße sichtbar zum Straßenstrich gemacht haben, laufen die Geschäfte mit den minderjährigen Mädchen verdeckter ab. Man braucht eine Zeit, um genau zu durchschauen, wie das alles funktioniert.

Ich beschließe, die vier die nächsten Stunden genauer zu beobachten.

Zwei der Mädchen gehen wieder nach hinten. Die beiden anderen bleiben getrennt stehen, scheinen sich zwar gelegentlich anzuschauen, sprechen aber selbst dann nicht miteinander, wenn sie aneinander vorbeigehen. Anders als die wenigen Stricher, die an diesem Eingang stehen und immer mal wieder entlangkommende Männer direkt ansprechen, gehen die zwei Mädchen auf niemanden zu. Die eine setzt sich schließlich bei den Fahrradständern auf den Gepäckträger eines Fahrrads. Obwohl sie sehr genau beobachtet, macht sie nichts anderes als warten.

Dann kommt Bewegung ins Bild. Ein ausgesprochen dicker Mann mit Halbglatze und Vollbart geht auf das Mädchen am Fahrrad zu und spricht es an. Sie wechseln ein paar Sätze. Das Mädchen schüttelt den Kopf, und der Mann entfernt sich ein paar Schritte, bleibt aber ganz in der Nähe stehen.

Der adrett gekleidete Mann ohne Zähne, den ich von der Mission her kenne, wo er es auf das Mädchen im weißen Sommerkleid abgesehen hatte, kommt langsam vom ersten Eingang heran geschlichen. Er hat beide Hände in den Hosentaschen, bleibt stehen, schaut sich um, geht wieder ein paar Schritte, scheint sich aber nicht für die beiden Mädchen zu interessieren.

So geschieht zunächst nichts weiter. Ein Stricher geht mit einem Freier davon. Die Blonde verschwindet einige Zeit nach hinten. Erneut geht der Dicke auf die andere zu. Es ist ein ungeheurer Gegensatz: dieser Koloß neben dem dünnen, vielleicht 15 Jahre alten Mädchen. Diesmal scheint er hartnäckiger auf sie einzureden, bleibt auch länger bei ihr stehen, geht aber wieder von ihr weg.

Die Blonde kommt mit einem der anderen Mädchen zurück. Sie bleiben unmittelbar am Eingang stehen. Die am Fahrrad dreht sich einmal nach hinten und sieht die beiden, bleibt aber auf dem Gepäckträger sitzen.

Zu meiner Überraschung unternimmt der Dicke einen dritten Versuch. Diesmal aber scheint ihm das Mädchen endgültig demonstrieren zu wollen, daß sie ihn nicht will, und steht auf und geht zu den zwei anderen im Eingang. Kurz drauf verschwinden die drei nach hinten.

Mir bleibt die Situation ein Rätsel. Ich stehe auf und gehe in den Bahnhof. Eines der drei Mädchen steht mit den Händen in der Tasche in einer Ecke. Ich gehe zu ihr, sie scheint mich vom Sehen zu kennen und grinst mir zu.

»Hallo«, sage ich.

»Hallo.«

»Sag mal«, frage ich, »was treibt ihr hier eigentlich?«

»Was meinst du?«

»Ich meine, warum ihr hier so rumschleicht. Ihr sucht doch keinen Freier?«

»Wir wollen einen abziehen.«

»Was heißt das?«

»Wir suchen einen Freier, aber wir lassen uns nicht ficken und wollen auch nichts anderes machen.«

»Was dann?«

»Wir fahren mit ihnen und nehmen sie aus.«

»Und wie soll das gehen?«

»Ich sage ihnen, sie sollen mir zuerst das Geld geben, weil ich Angst hätte, daß sie mich anschließend nicht bezahlen würden. Wenn sie dann ihr Portemonnaie nehmen, ziehe ich meine Gaspistole aus der Jacke.«

Warten auf den Fremden

Die Mädchen interessieren sich für diejenigen, die eher harmlos wirken und schlicht nackte Mädchenkörper geil finden, aber keine harten Sexpraktiken wollen. Sie gehen mit diesen Männern und fahren mit ihnen aus der Innenstadt heraus auf irgendeinen dunklen Parkplatz. Der Mann parkt den Wagen, löscht das Licht, schaltet die Innenraumbeleuchtung ein und sagt dem Mädchen, sie soll sich ausziehen. Das Mädchen seinerseits sagt nun, sie würde sich nicht von ihm »austricksen« lassen, er solle ihr *zuerst* das Geld geben. Darauf besteht sie. Während er die Brieftasche vorkramt, greift sie sich an den Hosenbund oder in die Jacke und zieht urplötzlich eine Gaspistole. Sie nimmt ihm nun das gesamte Geld ab, eventuell auch noch die Uhr, macht die Beifahrertür auf und verschwindet im Dunkeln.

»Und das klappt auch immer?«

»Ja. Letzte Woche hatte ich einen Mercedes-Fahrer, der hatte echt 800 Mark im Portemonnaie.«

Der Grund, warum das Mädchen am Fahrradständer den Dicken abwies, war der, daß er ein bekanntes Gesicht am Bahnhof Zoo ist. Abziehen tun die Mädchen aber grundsätzlich nur Fremde, denn nur dann ist weitgehend gesichert, daß diese sie nicht mehr wiederfinden. Für den Rest der Nacht lassen sie sich dann nicht mehr am Zoo sehen, und kein Fremder würde dort von anderen Auskünfte über ein Mädchen vom Bahnhof Zoo erhalten.

So sichern die Mädchen nicht nur ihre Einnahmen, sondern gleichzeitig noch eine gewisse Unversehrtheit ihres Körpers. Und das gerade, weil sie brutalen männlichen Sexualpraktiken obendrein ziemlich ausgeliefert wären, würden sie sich auf Sex einlassen.

Dennoch ist der Bahnhof Zoo für manches Mädchen der Einstiegsort ins harte Sexgeschäft. Nicht nur, daß sich viele Mädchen von allen Sexpraktiken körperlich zerschinden lassen, manche werden hier auch gezielt »aufgelesen« und ins »Geschäft« gezogen.

Bekannt geworden ist inzwischen, daß es in Berlin sogenannte »Wohnnester« gibt. In ihnen werden Mädchen und Frauen untergebracht und verpflichtet, als Prostituierte zu arbeiten. Manche werden nicht einmal bezahlt. Statt dessen erhalten sie Unterkunft, Essen und Kleidung und werden so gezielt in Abhängigkeit gehalten. Zunehmend werden solche Unterkünfte auch dazu genutzt, mit den Mädchen kinderpornographische Videos zu drehen. Auch in solche Lebenslagen also kann Kinderobdachlosigkeit führen. In Berlin ist der Bahnhof Zoo der ideale Ort, Mädchen aufzulesen und mittels Versprechungen in das Geschäft mit dem Sex hineinzuholen.

Männer, die als Freier am Zoo auf der Suche nach einem jungen Mädchen sind, können sich hingegen auch ziemlich »die Finger verbrennen«.

Ich beobachte, wie ein Mädchen aus dem Bahnhof kommt und Richtung U-Bahn-Eingang geht. Ein älterer Mann hält sie kurz fest und scheint ihr ein unmißverständliches Angebot zu machen. Aber er hat sich vergriffen oder aber sie will gerade heute nicht. Jedenfalls schreit sie laut auf:

»Ey, pack mich nicht an, Opa! Laß mich los!«

Sofort kommen zwei Männer herbeigelaufen. Das Mädchen weicht demonstrativ dem Mann aus, der noch völlig verwirrt ist von dem Aufsehen, das das Mädchen verursacht, aber da trifft ihn schon eine Faust, und gleich darauf noch ein zweites Mal.

»Packt der mich an, der alte Knacker, ey... Geh dir einen wichsen!« ruft sie ihm nach. Der Mann stiehlt sich davon.

Einer ihrer Freunde geht ihm noch ein Stück nach und beschimpft ihn. Der andere fragt das Mädchen offenbar, was der Mann denn gesagt habe. Laut antwortet sie: »Ja, der wollte mich ficken, der Alte. Er hat mich festgehalten und meinte, ich soll mit ihm gehen.«

Der Mann dreht sich um und ruft ihm »Kinderficker!« nach.

Die Mädchen, die am Bahnhof Zoo versuchen, zu Geld zu kommen, brauchen es für unterschiedlichste Zwecke. Natürlich sind hier Mädchen aus armen Familien, die sich so ihr eigenes Geld verdienen. Armut ist aber nicht immer der Grund. So manches Mädchen hat Eltern, die gut verdienen, will aber mehr Geld, als sie bekommt. Konsummöglichkeiten für Minderjährige haben nicht nur zugenommen, sondern erfordern auch immer mehr Geld. Geld - das so mancher Haushalt nicht erübrigen kann.

Drogenabhängige Kids benötigen pro Tag ohnehin viel Geld, zwischen 100 und 300 Mark.

Am Zoo gibt es aber auch Mädchen, die das Geld schlicht für den regelmäßigen Discobesuch verwenden.

Der Discoaufenthalt ist ein inzwischen kostspieliges Freizeitvergnügen geworden. So kostet etwa der Eintritt der nahe am Zoo gelegenen Discotheken *Linientreu* und *Society* 15 Mark, ein Getränk inbegriffen. Viele der Kinder und Jugendlichen versorgen sich aber vorher am Zoo oder am Breitscheidplatz mit Drogen, in der Regel mit aufputschenden Pillen. Die Mischung aus Trips und Techno ist »der Renner«. Wer die Nacht in einer solchen Disco verbringt und dazu ein oder zwei Pillen wirft, braucht für den Abend rund 50 Mark. Wer die Freitag-, Samstag- und Sonntagnacht so verleben will, braucht also für das Wochenende zwischen 150 und 200 Mark, mindestens. Im Monat wären das etwa 700 Mark. Wer Kokain konsumiert, braucht pro halbes Gramm zwischen 100 und 150 Mark.

Da es nicht leicht ist, immer so viel Geld zu haben, dealen viele der Kids wiederum mit Drogen. Sie verdienen sich damit ihren Eigengebrauch.

Der Reiz an der Techno-Musik besteht in den harten Rhythmen, nach denen man - mit Drogen aufgeputscht - stundenlang tanzen kann. Der Dealer Hans erzählte mir, daß er es über eine ausgeklügelte Kombination unterschiedlichster Drogen schon geschafft hat, von Freitagabend bis zum Montagmorgen ohne Schlaf auszukommen und gleichzeitig stundenlang am Stück nach den Techno-Rhythmen zu tanzen. Von ähnlichen »Leistungen« erzählt auch Ben.

Die Mädchen vom Bahnhof Zoo, die Geld für Drogen oder für die Disco brauchen, arbeiten deshalb in der Gruppe, um die Chancen, an Geld zu kommen, zu erhöhen. Eine wird schon einen Mann finden. Sind die Einnahmen dann groß genug, werden die Freundinnen mitfinanziert.

Mädchen allerdings, die viele Drogen nehmen und zudem auch sonst viel Geld ausgeben, müssen auf dem Strich hart arbeiten. Ein gewöhnlicher »Fick« bringt oft nicht einmal 50 Mark ein. »Handbetrieb« liegt meist immer darunter. Deutlich höher liegen die Verdienste erst beim Blasen oder beim Analverkehr, dann springen für die Kids 100 Mark und mehr dabei heraus.

Die Mädchen, die ich am Zoo beobachte, stehen inzwischen etwas genervt am Eingang, wechseln in immer kürzeren Abständen von vorne nach hinten, finden aber keinen Freier. Zwischenzeitlich schnorren sie den einen oder anderen Passanten an, aber viel kommt dabei nicht heraus. Schließlich gehen sie über den Platz des Busbahnhofs Richtung Kurfürstenstraße. Ich folge ihnen.

Vor den beiden Discos *Linientreu* und *Society*, die im selben Gebäude liegen, steht eine riesige Menschenmenge. Die meisten kühlen sich von der Hitze drinnen ab. Die Mädchen gehen die Treppe hinauf ins *Society*. Im Gewühl verliere ich sie schon bald und sehe sie nur gelegentlich irgendwo stehen.

Viele der Mädchen hier sind sehr erotisch gekleidet, mit kurzen Röcken und Bustiers. Je nach Musik tanzen auf der Tanzfläche Mädchen in Gruppen mit parallelen Bewegungen. Da es sehr laut ist, stehen nur im Eingangs- und Tresenbereich Leute beieinander, um sich zu unterhalten.

Ich sehe, wie ein Mann um die Fünfzig - er ist der mit Abstand älteste hier - auf eine Gruppe Mädchen zutanzt. Er ist sichtlich betrunken und übernimmt das rhythmische Klatschen der Mädchen, nähert sich allmählich und will sich in den Kreis stellen, aber die Mädchen treten näher zueinander und versperren ihm den Zugang. Als er schließlich eines der Mädchen an die Schulter faßt und sie zur Seite schieben will, um in den Kreis zu gelangen, dreht diese sich um und stößt ihm mit beiden Händen vor die Brust, woraufhin er haltlos nach hinten stürzt. Mühsam richtet er sich zwischen den tanzenden Beinen wieder auf. Zu meiner Überraschung bleibt der Eklat aus. Der Mann verzieht sich wieder an den Rand und tanzt für sich alleine.

Nicht nur auf dem Strich also wissen sich die Mädchen zu wehren. Und doch: Wie sich die Erfahrungen auf dem Strich bei Mädchen und Jungen langfristig auswirken, weiß nach wie vor niemand. Daß sie für fast alle traumatisch sind, dürfte klar sein. Meine Versuche, mit Bambi ausführlicher über ihre Erfahrungen vom Strich zu sprechen, scheitern.

»Was hast du denn schon alles erlebt?« habe ich sie einmal gefragt.

»Alles«, antwortete sie und drehte sich weg.

Sie will sich nicht mehr daran erinnern. Manchmal kommt es ihr auch schon ungeheuer »weit weg« vor. Zur Zeit verdient sie sich gelegentlich ein bißchen Geld dadurch, daß sie für ihre Freundinnen auf dem Strich die Aufpasserin spielt und Uhrzeit und Autonummern notiert. Mit Sex auf dem Strich will sie nichts mehr zu tun haben. Dennoch: Wenn der Rückfall an die Nadel kommen sollte, ist der Strich die einzige Möglichkeit, schnell an relativ viel Geld für den nächsten Schuß zu kommen.

Trotzdem ist für viele der Kids Sexualität ein wichtiges Thema, aber in erster Linie mit den Gleichaltrigen. Schmusen, Gestreichelt-Werden oder auch das Miteinander-Schlafen ist nicht nur eine Chance, endlich mal den eigenen Körper auf eine positive Art und Weise zu erleben, sondern überhaupt eine Gelegenheit, sich vom anderen angenommen, gemocht und sogar begehrt zu fühlen. Das gilt auch für viele Jungen auf dem Strich.

Dabei können auf ihrer Suche nach einem kleinen bißchen Zuneigung und Wärme besonders die Mädchen in fatale Abhängigkeiten geraten. Immer wieder werden Fälle bekannt, bei denen Mädchen regelrecht eingesperrt und zu Sklavinnen gemacht werden, Wohnungen oft monatelang nicht verlassen können und alles Mögliche über sich ergehen lassen müssen. Es kommt auch vor, daß sie regelmäßig von mehreren Männern nacheinander sexuell mißhandelt werden.

Um eine verschleierte Art der Prostitution handelt es sich, wenn Männer Mädchen von der Straße »auflesen« und ihnen ein Zimmer oder eine kleine Wohnung finanzieren, sie dafür aber - wann auch immer - sexuell zur Verfügung stehen müssen. Mädchen in einer solche Lage stehen vor der Entscheidung, wieder abzuhauen und auf der Straße zu leben oder vieles erdulden zu müssen.

Eine Sozialarbeiterin drückte es mir gegenüber einmal so aus: »Viele Mädchen sind richtig glücklich darüber, daß sich endlich mal jemand für sie interessiert, sie »liebt«. Daß für die Jungen oder Männer der Geschlechtsverkehr dazugehört, wissen sie und lassen es eben mit sich geschehen. Sie verstehen es als eine Art Preis, den sie für die Zuwendung bezahlen müssen. Sie selber haben von dem Sex oft wenig, wohl auch nur sehr selten einen Orgasmus. Wie dreckig es ihnen auch gehen mag, sie sind schon dankbar, wenn ihnen jemand das Gefühl gibt, sie ein kleines bißchen zu mögen.«

Alkohol und Haschisch, Heroin und Trips

Es ist 16 Uhr. Ich sitze am Breitscheidplatz an der Gedächtniskirche auf den Stufen vor dem neuen Turm. Die Sonne scheint
warm auf den Platz. Ich bin müde, habe die Arme auf die Knie
gestützt und das Kinn in die Handflächen. Es herrscht die üb-
liche Geschäftigkeit: Touristen, die hin und her spazieren,
Leute, die auf dem Weg zum Einkauf sind, Jugendliche, die
sich hier treffen, rumalbern und ihre ersten Flirts haben, Musikanten, Clowns und Maler, die von der touristischen Groß-
zügigkeit leben. Es ist ein Großstadtplatz wie jeder andere,
scheinbar.

Ich erwache aus meinem Dösen, als ich vier Männer um
den Springbrunnen beim Europa-Center kommen sehe, die die
weite Fläche quer überschreiten.

Sie fallen mir sofort auf: Sie tragen Blousons oder Lederjacken mit hochgeschobenen Ärmeln, Jeans oder Cordhosen,
Halbschuhe. Einer hat die Hände lässig in den Taschen seiner
Bundfaltenhose. Die anderen halten ihre Arme wie Cowboys
beim Duell. Diese vier Typen sehen aus, wie Ganoven im Fern-
sehen dargestellt werden. Ich bin froh darüber, daß hellichter
Tag ist.

Ich werde aufmerksam und bekomme den Eindruck, daß
vier der obersten Drogenbosse Berlins über den Platz kommen, um den Dealern ihre Macht zu zeigen und zu demonstrieren, daß sie jederzeit in der Lage sind, die Szene »aufzu-
räumen«.

Die vier kommen direkt auf mich zu. Ich bekomme Herz-
klopfen, denn plötzlich habe ich Angst, daß irgend jemandem
meine Schnüffelei aufgefallen ist und ich den Verdacht erwek-
ke, ein »Zivi« zu sein, einer vom Drogendezernat, der den
Auftrag hat, allmählich in die Szene einzusteigen.

Als die Männer nur noch fünf Meter von mir entfernt sind, bin ich völlig davon überzeugt, daß ich nun auseinander genommen werde. Ich bekomme feuchte Hände. Unmittelbar vor mir trennen sich die vier, und zwei gehen rechts, zwei links an mir vorbei. Vor lauter Unsicherheit drehe ich mich mit ihnen, denn ich habe Angst, daß sie mich von hinten packen. Da merke ich erleichtert: ich bin nicht gemeint.

Ein Umschlagsplatz für Drogen aller Art: der Breitscheidplatz

Einige Meter hinter mir umstellen die vier einen dunkelhäutigen Mann, dem sie sagen, er solle aufstehen. Erst jetzt merke ich, daß alle hier Herumstehenden völlig eingefroren sind. Offenbar haben alle Insider die vier schon von weitem gesehen und sie beobachtet. Jeder im Umkreis von dreißig Metern schaut der Szenerie zu, während die Passanten, ohne auch nur irgend etwas zu bemerken, weitergehen.

Der Mann ist aufgestanden und wird nun durchsucht. Die vier sind also keine Ganoven, sondern Polizisten nach Schimanski-Vorbild. Während einer die Brieftasche und das Portemonnaie durchsieht, tastet ein anderer den Mann ab und greift schließlich in die Innentasche des Blousons, fördert aber nur Unbedeutendes zu Tage. Der Polizist, der das Portemonnaie hält, nimmt die Geldscheine heraus, zählt sie und steckt sie wieder zurück. Den Ausweis gibt er dem anderen Kollegen. Der zieht ein Funkgerät aus der Innentasche und läßt offenbar die Personalien überprüfen. Nach kurzer Zeit schlägt er den Paß wieder zu und gibt ihn dem Mann zurück. Da auch seine beiden Kollegen ihre Durchsuchungen beendet und nichts Verdächtiges gefunden haben, wechseln sie ein paar flappsige Worte mit dem Mann und wenden sich von ihm ab. Einer legt ihm im Weggehen zur Verabschiedung sogar leicht die Hand auf die Schulter. Der vierte Polizist stand die ganze Zeit etwas ab von der Gruppe und beobachtete die Umgebung.

Jetzt stehen die vier kurzzeitig hinter mir und gehen dann cool und lässig um den neuen Turm neben der Kirche. Sie stoßen auf einen korpulenten jungen Mann um die Zwanzig, der schwarze Haare und ebenfalls dunklere Haut hat. Auch er wird durchsucht. Es wiederholt sich die gleiche Prozedur von vorhin. Obwohl nach wie vor auf dem Platz viel Bewegung ist, habe ich den Eindruck, daß die ganze Szenerie leicht eingefroren bleibt. Niemand hier in der unmittelbaren Nähe rennt oder lacht laut, niemand nähert sich jemand anderem. Die Polizisten sind der Blickfang aller geworden - und damit nun auch die weitere Durchsuchung.

Der junge Mann muß sogar die Jacke ausziehen, aber auch bei ihm wird schließlich nichts Verdächtiges gefunden. Nicht ganz so freundlich wie zuvor den anderen lassen sie ihn gehen. Er kommt gemächlichen Schrittes in meine Richtung, bleibt stehen, dreht sich zur Seite, schaut hierhin und dorthin, sieht kurz den Polizisten nach, dreht sich wieder und geht dann weiter in meine Richtung. In diesem Augenblick macht er große Augen, atmet tief durch und streckt beim Ausatmen die Zunge weit heraus. Er tut so, als würde er sich Schweiß von der Stirn wischen. Er ist sich offenbar darüber bewußt, daß fast alle hier ihn und die Situation genau beobachtet haben.

Er geht die Stufen hinunter, auf denen ich sitze, und nähert sich einer Bank, die rund um einen Baum verläuft, setzt sich allerdings nicht. Niemand geht auf ihn zu, niemand spricht ihn an, aber er hat mit einigen Blickkontakt.

Ich erwarte, daß die vier Polizisten um die Gedächtniskirche gehen und von der anderen Seite wieder auftauchen, aber das tritt zunächst nicht ein.

Ein Mann nähert sich jetzt dem an der Bank. »Die beiden da vorne wollen was«, sagt e ihmr.

»Jetzt nicht.« Er dreht sich weg. Der andere entfernt sich wieder.

Von den Stufen gehen ein Mann und eine Frau, beide mit langen Haaren und ausgewaschenen Jeans, auf den Mann zu. Sie sagen etwas zu ihm, da platzt es aus ihm heraus:

»Mensch, hier schleichen vier Zivis rum, verdammt noch mal, wir müssen aufpassen!« Er geht ein paar Meter weiter weg. Die zwei drehen sich rum und stehen etwas verloren da. Sie schlendern über den Platz.

Die Polizisten tauchen nicht wieder auf, und allmählich entspannt sich die Lage. Eine Gruppe ausländischer Männer albert herum, und alle lachen laut.

Der junge Mann, der hier die Geschäfte abwickelt, kommt wieder näher, macht aber nach wie vor keine Anstalten, aktiv zu werden.

Wieder kommt das Paar von vorhin auf ihn zu.

»Jetzt noch nicht«, brüllt er sie wieder an, »setzt euch da hin und wartet ab!« Er zeigt auf mich, und die beiden kommen auf mich zu und setzen sich unmittelbar neben mich. Sie nicken mir stumm zu.

»Said!« ruft einer dem Dealer zu und deutet auf einen, der auf ihn zugeht.

»Setz dich da auf die Stufen«, befiehlt er auch ihm.

Der Neue kommt zu uns und setzt sich neben die Frau.

Am Straßenrand hält ein Taxi, und ein Mann Mitte Vierzig steigt aus. Er trägt eine beigefarbene Lederjacke, polierte schwarze Schuhe, eine schwarze Hose und ein weißes Hemd mit Krawatte. Zielstrebig geht er auf Said zu und spricht ihn an. Auch er geht dann auf die Stufen zu, bleibt aber abseits stehen.

»Wo ist denn Petra hin?« ruft Said der Gruppe Männer zu. Sie zucken mit den Schultern. »Verdammt, wie lange will die noch wegbleiben.« Er scheint jetzt etwas nervös zu werden. Seine Kunden stehen parat, und er hat Angst, daß sie ungeduldig werden.

Eine Weile lang geschieht nichts. Dann geht er plötzlich auf ein Mädchen zu, das am Straßenrand steht und das ich auf höchstens 17 Jahre schätze. »Wo bleibst du denn?!« Sie antwortet nichts. »Gib her!«

Sie greift in die rechte Gesäßtasche, macht darin eine Faust und gibt Said etwas. Ich vermute, daß es Pillen sind. Erst jetzt durchschaue ich die Szene vollständig. Auch hier also werden wichtige Funktionen des Drogenhandels von Jugendlichen ausgeführt. Das blonde Mädchen in Jeans und Turnschuhen ist unscheinbar, niemand käme auf die Idee, sie nach Drogen zu durchsuchen. Auch aus Ländern Lateinamerikas und Asiens sind solche Strategien bekannt. Immer jüngere Kinder übernehmen dort Kurier- und Verkaufsdienste im Drogenhandel.

Jetzt kommt Said auf uns, die wir auf den Stufen sitzen, zu. Zuerst aber geht er zu dem Mann in der beigefarbenen Lederjacke. Das Geschäft wird ganz schnell abgewickelt.

Am Anfang hatte mich Said offenbar für einen gehalten, der auf die Pillen von ihm wartet, aber auf den Stufen sitzend die Gefahr durch die Polizei vorüber gehen lassen wollte. Er steht vor mir und sieht mich an: »Was willst du?«

Wäre ich Zivilpolizist, würde er mir spätestens jetzt geradezu ideal in die Falle gehen.

»Nichts«, sage ich und schüttle den Kopf.

Ohne sich auch nur eine Sekunde mit mir aufzuhalten, spricht er den Mann neben mir an.

»Ich will zwei für zwanzig.«

»Heute gibt es nur für fünfzig.«

»Ey, komm, hör auf...«

»Heute gibt es nur für fünfzig. Willst du jetzt welche, oder nicht?«

»Komm, für zwanzig.«

»Nur für fünfzig.« Er wendet sich der Frau zu. »Du? Ich habe nicht ewig Zeit.«

Der Mann ganz außen nickt ihm zu.

»Gut. Schön nacheinander. Zuerst du«, sagt er zu dem Mann.

Said geht zehn Meter von den Stufen weg. Der Mann folgt ihm, gibt ihm ein paar Scheine und setzt sich wieder. Dann gehen die beiden anderen zu ihm und kommen zurück. Erst jetzt, als sie wieder sitzen, erhalten sie ihre Pillen. Said stellt sich vor sie und zählt sie ihnen in die Hand.

Inzwischen kommen noch andere dazu und kaufen. Said hat gut zu tun. Dann geht er zu dem Mädchen auf dem Gehsteig, die unbeteiligt herumsteht, und gibt ihr den Stoß Scheine. Sie steckt das Geld in die linke Gesäßtasche und gibt Said aus der rechten weitere Pillen. Da es ihn auch verdächtig machen würde, wenn er von Zivilpolizisten mit einer großen Menge kleiner Geldscheine erwischt würde, löst das »unbeteiligte Mädchen« gleich zwei Probleme: Said hat weder Pillen noch Geld bei sich.

Er verkauft noch einmal an einen, der herumsteht, dann sind zunächst alle Insider-Kunden, die die Uhrzeit kennen, bedient. Said wird sichtlich ruhiger und wirft sich die restlichen Pillen mit der Hand in den Mund - natürlich ohne zu schlucken. Er spaziert hierhin und dorthin, stellt sich zu einer Gruppe Männer, und immer wenn er auf einen Käufer aufmerksam wird, spuckt er sich die einzeln eingeschweißten Pillen in die Handfläche und zählt sie ab. Der Rest kommt wieder in den Mund. Noch einmal kommen drei auf einmal, danach geht er wieder zu dem Mädchen, gibt ihr das Geld und nimmt neue Pillen. Einmal muß er zu ihr, um einen großen Schein zu wechseln.

So läuft das Geschäft eine Weile. Die Aufregung ist inzwischen völlig verflogen. Immer seltener sehe ich Said sich in die Hand spucken. Schließlich geht er auf das Mädchen zu, das jetzt mit zwei weiteren zusammensteht. Er schiebt sie leicht zur Seite, dann leert sie ihre Taschen. Sie bekommt Pillen, und Said geht zu einem älteren Mann, der weiter weg steht und den ich bisher überhaupt nicht registriert hatte. Von dem Bündel Scheine zählt er ihm Geld ab, dann treten sie an den Straßenrand, halten ein Taxi an und sind weg.

Das Geschäft mit den Drogen ist völlig von der Illegalität, dem Schwarzmarkt geprägt. Je riskanter die Orte, desto teurer die Pillen. Droht unmittelbar Gefahr, wirkt sich das sofort auf die Preise aus, und gleichzeitig wird ein Zeitdruck erzeugt, der den Käufern keine lange Bedenkzeit läßt. In einer solchen Situation sagen Menschen, die sehr stark Drogen konsumieren, auch bei überhöhten Preisen eher Ja statt Nein.

Hans hat mir einmal erklärt, wie das Geschäft in den Discotheken funktioniert. Als erstes, wenn er herein kommt, schaut er, welche anderen Dealer noch da sind, denn in der Regel kennt er sie alle. Er weiß auch bei allen, was sie hauptsächlich verkaufen und zu welchen Drogen sie überhaupt keinen Zugang haben. Ist er der einzige, macht ganz alleine er den Preis, da kostet ein *E* (Ecstasy) dann eben mehr als sonst. Ebenso ist es, wenn er merkt, daß er der einzige ist, der *Pappen* (synthetische Drogen auf Papier, vorrangig LSD) hat.

Allerdings helfen sich diejenigen, die sich besser kennen, auch untereinander aus. Dann wird auch schon mal getauscht. Treibt sich ein Dealer herum, den die anderen nicht mögen, versuchen sie ihm die Preise kaputt zu machen, indem sie nur noch Tiefstpreise verlangen.

Hans macht allerdings auch viele Ausnahmen, etwa bei den jüngsten Kunden, überhaupt ist er mit Shit sehr spendabel.

Wieviel minderjährige Drogenabhängige in Berlin leben, weiß niemand, ein paar Hundert wahrscheinlich. Wie nah der Drogentod gelegentlich ist, das weiß Bambi schon mit ihren 14 Jahren.

Wenige Tage, bevor ich sie kennenlernte, wäre sie beinahe an einer Überdosis gestorben. Der Grund war, daß sie ein völlig reines Heroin bekommen hatte, ohne es zu wissen.

»Normalerweise bekommst du nur welches, das schon ziemlich gestreckt ist. Ich hab zwar irgendwie gemerkt, daß es ziemlich dunkel war in der Spritze, aber ich hab es nicht so richtig kapiert.« Sie macht eine Pause. »Wenn ich alleine gewesen wäre, wär ich jetzt tot.« Ich habe den Eindruck, daß ihr bei diesem Satz selber etwas beklemmend zumute ist.

Zum Glück war sie nicht alleine, sondern hat mit zwei Freunden zusammen gedrückt. Als diese merken, daß sie »abgegangen« ist, begreifen sie sehr schnell die Lage und alarmieren den Notarzt. Nur deshalb überlebt sie. Der Rettungswagen ist auch schnell zur Stelle. Bambi wird auf eine Trage gelegt und schon beginnt die Fahrt gegen die Zeit. Im Krankenhaus wird sie an Schläuche angeschlossen und wiederbelebt, bleibt schließlich 48 Stunden im Koma, wird aber letztlich wach. Bleibende Schäden: vermutlich keine.

Obwohl sie diese Todesgefahr beim Spritzen immer wieder in Kauf nehmen muß, kommt sie nicht vom *H* weg. »Hätte ich bloß nie angefangen«, sagt sie und fügt nach einer Pause hinzu: »Aber das ist jetzt Quatsch.«

Ich will sie provozieren: »Aber ohne Drogen ist das Leben schon sehr hart.«

»Ach«, entgegnet sie, »aber so ist es nun mal. Außerdem ist es auch mit Drogen oft hart, wenn du auf Turkey bist oder dich die Scheiße plötzlich umhaut. Ich wünsche mir, den ganzen Tag total klar durchs Leben zu gehen.«

Wieder einmal bin ich überrascht von ihrer Offenheit.

Bambi ist als Junkie unter ihren Gleichaltrigen oft ausgegrenzt. Junkies haben auch unter den Kids auf der Straße einen schweren Stand. »Einmal Junk, immer Junk«, urteilt beispielsweise Elli kurz und knapp. Und Ben ist auch deshalb froh, nicht mehr mit Bambi zusammen zu sein, weil er selber glücklich ist, von dem Stoff los zu sein, und sich nun von den Junkies fernhalten will, um erst gar nichts zu riskieren.

Dazu kommt, daß Junkies für ihre Umgebung manchmal schwer auszuhalten sind. Nicht nur, daß sie dazu neigen, ohnehin alle für die Beschaffung der Drogen einzuspannen, sondern wenn der Turkey naht, kennen sie nur noch eine Not: Geld. Und um das aufzutreiben, erwarten sie gerade von den Freunden jede Unterstützung.

So sehr das Drücken auf der einen Seite abgelehnt wird, so sehr ist das »Einwerfen« synthetischer Drogen schon für viele Kinder Alltag.

Elli kifft zwar in der Regeln nur, wirft aber gelegentlich auch Trips. »Manchmal geht's dir so scheiße, da willste nichts mehr mitkriegen«, sagt sie, die nichts schlimmer findet als sich betrinken oder drücken.

Die Pillen sind allgegenwärtig, die Kids nehmen sie ein wie andere Kopfschmerztabletten. Es gibt sie nicht nur am Zoo, an der Gedächtniskirche oder am Alex, sondern auch in vielen Kneipen und allen Discotheken. Ein Insider sagte mir mal: »Wenn in bestimmten Discos an Wochenenden Techno-

Time ist, haben mindestens 50 Prozent auf der Tanzfläche Trips geschmissen.«

Obwohl neben Haschisch Alkohol die häufigste Droge ist, gibt es einen überraschend hohen Anteil an Leuten, die überhaupt keinen Alkohol trinken. Wie Heroin auch, ist Alkohol bei vielen völlig out. Die synthetischen Drogen, die den Körper zunächst nicht schlauchen, sondern ihn aufputschen, sensibel machen, haben bei weitem mehr Reiz. Sie verursachen weder Kater noch Turkey, und so ist nicht nur der nächsten Morgen keine Qual, sondern Speed, Ecstasy und LSD lassen sich obendrein so kombinieren, daß ihre Wirkungen viel länger anhalten als die anderer Drogen.

Die Berichte mehren sich, daß immer öfter Menschen nach dem Einnehmen synthetischer Drogen nicht mehr »runter« kommen von ihrem Trip, von ihrer anhaltenden Wahnvorstellung. Doch über Langzeitfolgen weiß man eigentlich bezüglich synthetischer Drogen noch gar nichts.

Für Minderjährige ist es in der Bundesrepublik ausgesprochen schwer, eigens für sie eingerichtete Therapieplätze zu bekommen, denn es gibt kaum welche. Auch Bambi muß erleben, wie stark das Thema »drogenabhängige Minderjährige« öffentlich und politisch verschwiegen wird. Wo Therapie-Einrichtungen überhaupt Minderjährige nehmen, dazu welche von der Straße, fehlen oft die therapeutischen Möglichkeiten. Das findet sie »echt traurig«.

Schon bald, nachdem Bambi nach Berlin gekommen war, erhielt sie einen Platz bei der Drogeneinrichtung Synanon. Aber nur vier Tage hat sie es dort ausgehalten. Die Bedingungen waren ihr zu hart. »Die Erniedrigungen dort gingen mir zu weit. Das halt ich nicht aus.«

Für Straßenkinder gehört das Angebot von harten Drogen zum Alltag. Sie können auf der Straße alles bekommen. Sind sie in den Drogengebrauch erst einmal eingestiegen, wird es schwer, den Weg in die Sucht zu stoppen. Und da sich niemand um sie kümmert, bleibt das alles auch noch unbemerkt.

Viele der Kids organisieren ihren Drogenkonsum auch in Gruppen. Wer auf dem Strich besonders viel Geld gemacht hat, kauft für die anderen mit, unter der unausgesprochenen Voraussetzung, beim nächsten Mal von anderen versorgt zu werden.

Wenn Bambi schon mal schlecht drauf ist und kein Geld für einen Schuß hat, geht sie - mit dem »Besteck« in der Jacke - auf dem Straßenstrich auf die Suche nach einer Freundin, die ihr vielleicht etwas »spendieren« kann. Je nach Geschäftslage hat sie entweder Glück und bekommt etwas Stoff ab, oder sie bewirkt eher eine gereizte Stimmung, denn gerade wenn das Geld knapp ist, muß sich die Freundin erst einmal selbst mit Stoff versorgen.

Wenn es ganz schlecht läuft, bettelt sie bei Drückern um Filter. Sie werden beim Einziehen des Heroins in die Spritze verwendet und enthalten minimale Reste des Stoffs. Wer sich einen Filter aufkocht, produziert somit eine winzige Menge unsauberen Heroins. Es gibt sogar Leute, die noch mit diesem Zeug ihr Geschäft machen.

Bambi erzählte mir, daß drogenabhängige Mädchen an den einschlägigen Plätzen mit ausländischen Männern herumflirten, um Pillen oder ein Päckchen Heroin abzuziehen. Sie lassen sich zunächst mit den Männern ein, gewähren ihnen den einen oder anderen Griff unter die Kleidung und jammern über ihren stärker werdenden Turkey. Die Männer wittern nun ihre Chance, die Mädchen »abzuschleppen«. Sie geben ihnen etwas und versprechen mehr, wenn sie mitgehen. Einige gehen dann mit, andere verschwinden schnell mit der Beute, denn sie haben, was sie wollten.

Am Breitscheidplatz, wo ich immer noch sitze, wird es nun langweilig, und ich gehe ziellos durch die Straßen, den Ku'Damm rauf und wieder runter und die Joachimstaler entlang Richtung Zoo. Ich folge dem Zaun des Zoologischen Gartens und biege schließlich nach rechts in einen Fußgängerweg.

Das Wetter hat sich in der letzten halben Stunde verändert, es sieht nach einem Platzregen aus. Durch den Zaun des Zoos beobachte ich die Kamele, Esel und Ziegen. Wenn es gleich regnet, werden sie sich in ihre Ställe verziehen.

Ich gehe weiter in den Park, als es plötzlich heftig zu regnen beginnt. Ich suche mir eine Bank unter einem großen, dichten Laubbaum und setze mich. Nach einigen Minuten platschen vereinzelte dicke Tropfen auf meinen Kopf und meine Schultern. Zum Glück hält der Regenschauer nicht allzu lange an, die Sonne bricht schließlich wieder durch die Wolken. Trotzdem bleibt es kühl, und ich schließe den obersten Druckknopf meiner Jacke und schiebe das Kinn darunter.

Ich gehe den Weg zurück und komme wieder zum Bahnhof Zoo. Von rechts von der Unterführung kommen ein Mann und eine Frau auf mich zu, sie sprechen mich an.

»Hey, kannst du wohl zwei Mark wechseln?« Sie halten Flaschen mit Orangensaft in den Händen.

Ich weiß, wofür sie die Markstücke brauchen, und krame mein Münzgeld aus der Hosentasche. Der Spritzenautomat auf der anderen Bahnhofseite kann nur mit Markstücken bedient werden. Ich warte kurze Zeit und folge den beiden dann. Sie ziehen sich am Automat eine grüne Schachtel, überqueren dann die Straße und setzen sich hinter ein kleines Gebüsch an der Wirtschaftseinfahrt des Zoologischen Gartens. Es sitzen noch mehrere andere dort. Sie alle haben ihr Besteck herausgekramt und auf die Einfassung eines Blumenbeets gelegt. Mit dem Feuerzeug kochen sie den Stoff auf dem Löffel und ziehen ihn schließlich in die Spritze. Einigen kann man von der Straße aus zusehen. Ich trete ein paar Schritte näher zu einem allein sitzenden Mann. Er sieht mich an, völlig gelassen, krempelt den einen Ärmel hoch und macht ein paarmal eine Faust. Die Spritze liegt schon aufgezogen neben ihm.

»Hab mir gerade 'nen Cocktail gemacht.« Ich nicke. Ein Cocktail ist eine Mischung aus mehreren unterschiedlichen Stoffen.

Er nimmt jetzt die Spritze in die Hand und sucht im Armgelenk nach einer alten Einstichstelle. Mehrmals sticht er leicht in die Haut und bewegt die Nadel hin und her, findet aber zunächst keinen alten Einstich. Überhaupt sieht man seinen Armen nichts an, sie sind noch nicht zerstochen. Er geht an eine andere Stelle und sucht wieder. Er ist ausgesprochen ruhig und findet schließlich einen Einstich. Das Blut steigt hoch, und er drückt gleichmäßig. Er schnauft tief aus. Ich sage »Tschüß!« und gehe weiter.

Ich fahre zum Alex, doch dort ist nichts los. Da ich Hunger habe, beschließe ich, an einem Obststand nach einem Apfel zu fragen.

»Hast du wohl 'nen Apfel für mich?« frage ich den Verkäufer.

»Was?«

Ich habe offenbar zu leise gesprochen.

»Hast du wohl einen Apfel für mich?«

»Moment.«

Der Mann bückt sich, holt einen großen Pfirsich hervor, schneidet ein Stück davon ab und gibt ihn mir.

»Danke.«

»Bitte, bitte.«

Da die Obstverkäufer immer irgendwelches Obst haben, das sie nicht mehr verkaufen können, verteilen sie es eigentlich gerne. Die angeschlagene Stelle schneiden sie einfach ab.

Eine Weile bleibe ich am Alex. Langsam wird es dunkel. Mit der U 5 fahre ich dann weiter in den Ostteil. Dort gehe ich durch einige der Straßen mit besetzten Häusern. Auf einem Gehsteig liegt ein junger Mann flach auf dem Rücken und sieht mit weit aufgerissenen Augen in den Himmel. Er spricht irgend etwas Unverständliches.

»Kann ich dir irgendwie helfen?« frage ich.

Ganz leicht dreht er mir den Kopf zu: »Es geht mir ausgezeichnet.«

Ich verschwinde und setze mich kurz darauf auf die Stufen eines Hauses, bei dem im Erdgeschoß die Fenster zugemauert sind. Den Rucksack stelle ich ab und nehme eine Dose Bier heraus.

Kurz drauf kommt Archi die Straße herauf. Wir kennen uns flüchtig aus der *Bleibe*, wo er Sozialstunden abgeleistet hat. Mit seinen 37 Jahren gehört er zu den Älteren der Szene. Eigentlich kommt er aus dem Rheinland und war in Köln bei den frühen Besetzungen dabei. Er geht an mir vorbei, und wir begrüßen uns flüchtig. Kurz darauf kommt er zurück und bleibt bei mir stehen.

»Wohnst du hier irgendwo?« fragt er mich.

»Nee, ich hab keine Penne.«

»Brauchste eine für heute?«

»Ja.«

»Komm mit.«

Ich stehe auf und nehme den Rucksack.

»Bei uns ist ein Zimmer frei. Aber nur noch heute. Du hättest es haben können, aber wir haben es gestern einer Frau gegeben. Sie will morgen oder übermorgen einziehen. Du kannst also eigentlich nur diese Nacht da pennen.«

»Ist okay.«

»Kann ich mal 'nen Schluck Bier haben?«

»Klar.«

Er trinkt und deutet dann auf einen alten Mercedes. »Da. - ein Kumpel hat mich hergefahren.«

Wir steigen ein, und Archi erklärt kurz, mit der Dose in der Hand, warum er mich dabei hat. Der Fahrer nickt und sagt »Hallo!«.

Wir fahren los.

»Hast du's gekriegt?« fragt der Fahrer.

»Ja.« Archi dreht sich um zu mir. »Is 'ne ganz schöne Schei-ße, wenn du dir ausgerechnet bei deinem Dealer 50 Mark lei-hen mußt.«

Ich frage höflich, ob ich noch einmal von meinem Bier trin-ken könnte, und er reicht mir die Dose nach hinten, hält aber die griffbereite Hand über den Sitz, bis ich ihm die Dose wie-der zurückgebe. Auch der Fahrer nimmt einen Schluck.

Nach ein paar Minuten halten wir und steigen aus. Im Vor-beigehen wirft Archi die leere Dose in eine Mülltonne. Wir gehen in einen Hinterhof.

»Ich zeig ihm kurz das Zimmer«, meint er zum Fahrer, »dann komme ich runter.« Wir gehen in die dritte Etage.

Die Ein-Zimmer-Wohnung ist bis auf ein bißchen Gerüm-pel völlig leer. Zu meinem Glück liegt auch hier eine Matrat-ze. Strom und Wasser gibt es nicht.

»Eigentlich nicht schlecht die Wohnung«, sage ich.

»Das Haus ist noch gut«, bestätigt Archi. »Leider werd ich wohl bald raus müssen.«

»Warum?«

»Wir sollen Mietverträge kriegen.«

Ich mache ein überraschtes Gesicht.

»Ich krieg keine Sozialhilfe. Dann müßte ich arbeiten ge-hen. Aber das kann ich nicht auf Dauer. Schon die *Bleibe* str-eßt mich ziemlich. Wir müssen schon um 9 Uhr dort sein. Also muß ich um halb neun aufstehen. Dann hab ich immer höch-stens viereinhalb Stunden Schlaf. Das ist viel zuwenig.«

Ich nicke.

Archi ist in seinem Leben noch nie längere Zeit am Stück arbeiten gegangen im üblichen Sinn. Seit fast zwei Jahrzehn-ten zahlt er kaum einmal Miete. Er lebt deutlich unterhalb der geltenden Armutsgrenze und gibt das wenige Geld, das er besitzt, hauptsächlich für Drogen aus. Auch er versucht, durch kleinere Geschäftchen immer an etwas Bargeld zu gelangen. Für irgendeinen Handel, bei dem er 5 Mark verdienen kann, fährt er durchaus quer durch die Millionenstadt Berlin.

Archi gehört zu denen, die die ehemalige Jugendkultur der Besetzerszene zu ihrem Lebensstil gemacht haben.

Er geht, und ich sitze eine Zeit lang allein im Zimmer. Ich stelle mich ans Fenster und schaue in den Hof. Vom Erdgeschoß, wo alle Fenster geöffnet sind, dröhnt Musik herauf und hallt in dem Häuserkarree wider.

Da ich die Zeit auf nicht einmal 21 Uhr schätze, gehe ich noch einmal los. Zum ersten Mal seit einigen Wochen bin ich ohne Rucksack unterwegs, ich lasse ihn im Zimmer.

Ich gehe in eine Besetzerkneipe, wo noch nicht viel los ist. Flüchtig bin ich hier bekannt. Ich stelle mich an die Theke und bestelle ein Bier.

»Weißt du«, sagt der Mann hinter der Theke zu einem neben mir, »das Problem ist nicht, an bestimmte Dinge heranzukommen. Das Problem ist Bargeld. Wir verfügen im Haus über zuwenig Geld. Ich hab heute für Shit einen Videorekorder getauscht, aber Geld hab ich deshalb immer noch nicht. Shit kann man hier immer haben. Ich hab heute bestimmt schon 5 Gramm spendiert, das ist kein Problem.«

Er wendet sich jetzt auch mir zu. »Ich mußte heute nachmittag Getränke holen. Aber wir hatten in der Kneipenkasse viel zuwenig Geld. Zum Glück kaufen wir immer bei so einem Freak, der einen Getränkeshop macht. Der sieht das nicht so eng und hat mir fast zwanzig Mark nachgelassen. Wir nehmen zu wenig ein für das, was hier getrunken wird. Wer Dienst macht, kann immer umsonst trinken. Was meinste, was Diddi, Bernd und ich so wegsaufen, wenn wir die ganze Nacht Dienst machen?«

Es kommen noch zwei herein, und wir fünf bleiben dann lange Zeit die einzigen in der Kneipe.

Den jungen Mann neben mir kenne ich. Er wohnt in der *K 9*. Nach einiger Zeit fragt er mich nach meinem Namen, und wir kommen ins Gespräch. Im Haus haben sie ihn soeben rausgeworfen, erfahre ich.

»Ich bin viel unterwegs, mal hier, mal da, deshalb haben sie gesagt, daß ich nicht tragbar wäre für das Haus, denn wenn die Bullen stürmen würden, wäre ich bestimmt mal wieder nicht da, aber dann müßte jeder zur Stelle sein.« Er macht eine Pause. »Aber sie haben es schon länger auf mich abgesehen. Neulich hat es mal eine Hinterhofschlacht mit den Punkern gegeben, da habe ich bloß überall die Mollys gelöscht, statt mit draufzuhauen. Ich verstehe einfach nicht, warum sich Punker und Autonome gegenseitig anmachen müssen. Ich versteh es einfach nicht.«

Er ist nun auf der Suche nach einem neuen Zimmer, aber auch hier im Haus haben sie für ihn nichts. Trotzdem kennt er die Besetzerszenen gut genug, daß er wohl nicht auf der Straße übernachten muß, schon gar nicht für längere Zeit.

Eine Wasserpfeife wird vorbereitet. Beim Rauchen der Pfeife mogle ich immer ein bißchen, indem ich beim Reinblasen das Loch auf der Rückseite nicht völlig zuhalte, denn schon die harten Raucher haben nach dem Einziehen des Rauchs minutenlangen Husten. Wie würde es erst mir ergehen? So reiche ich nach dem Ziehen - ohne Husten - die Pfeife weiter. Einige Zeit ist es ruhig, da alle mit sich beschäftigt sind. Dann reinigt der Mann hinter der Theke die Glaspfeife und stellt sie wieder in das Regal an der Wand.

Wir trinken alle ein Glas Bier aus dem Faß, das heute ausnahmsweise hinter dem Tresen steht. Normalerweise gibt es nur Flaschenbier. Jemand hatte das Faß von einer Fete übrig und hat es der Kneipe geschenkt. Wir unterhalten uns über alles mögliche, dann wirft einer ein Päckchen *Schnee* (Kokain) auf die Theke. Alle verstummen kurz. Einer sieht zu mir herüber und schaut dann den Mann hinter der Theke an. Dieser aber schließt kurz die Augen und schüttelt den Kopf. Von dem Regal hinter sich nimmt er eine große Spiegelscherbe, auf der eine Rasierklinge liegt. Ein anderer geht zur Tür und verbarrikadiert sie von innen mit einem schweren Eisengestell.

Der Mann hinter der Theke schüttet den *Schnee* auf den Spiegel und hackt ihn mit der Rasierklinge. »Wer?« fragt er und sieht jeden an; nur ich schüttle den Kopf.

Er zieht vier etwa gleichlange Kokainbahnen auf dem Spiegel und nimmt sein Portemonnaie. Er zieht einen 50-Mark-Schein heraus, rollt ihn zu einem Röhrchen, steckt die schmalere Öffnung in die Nase und zieht die erste Bahn ein. Er reicht Spiegel und Röhrchen weiter an den Mann neben mir. Die zwei anderen rollen in der Zwischenzeit Geldscheine zusammen. Als der neben mir den Spiegel weiterreicht, steckt er den 50-Mark-Schein in die Hosentasche. Der Thekenmann deutet mit dem Zeigefinger: »Das war meiner«, sagt er.

»Au, Scheiße, pardon.« Er nimmt den Geldschein wieder heraus.

Der junge Mann neben mir beginnt, heftig im Rhythmus der Musik auf die Theke zu trommeln. Er stiert nur noch geradeaus. Dann sieht er mich an und trommelt noch heftiger. Er hat die Augen fest auf mich gerichtet und erscheint mir plötzlich sehr aggressiv.

Der Thekenmann bricht nun im wahrsten Sinn des Wortes zusammen. Er stützt sich auf, kann die Augen kaum noch offen halten, und man muß ihn sehr laut und deutlich ansprechen, damit er reagiert.

Vom Hintereingang kommt eine Frau herein und stellt sich kurz hinter den Tresen, dann geht sie vor zur Eingangstür und schiebt das Eisengestell zur Seite.

»Komm«, sagt sie zu dem Thekenmann, »geh nach oben.« Sie stützt ihn beim Gehen, und sie verschwinden durch die Hintertür.

Einige Zeit später übernimmt ein anderer Mann den Kneipendienst, er heißt Diddi. Er ist Mitte Zwanzig und ein recht witziger Bursche, rein äußerlich nicht zuletzt deshalb, weil er noch genau einen Zahn im Mund hat, und zwar einen Schneidezahn.

Viele hier haben sehr schlechte Zähne, zum einen, weil sie gar nicht krankenversichert sind oder nicht zum Arzt gehen wollen, da der an ihrem körperlichen Zustand sofort feststellen würde, daß sie Drogen nehmen. Zum anderen bewirken viele Drogen einen Vitamin-C-Mangel, der wiederum für Zahnausfall sorgt.

Ab 23 Uhr wird die Kneipe voll. Eine Gruppe von Kids bevölkert den Raum, auch Bambi ist dabei, aber wir sprechen nicht miteinander. Kurz nach Mitternacht rüttelt Diddi an dem Faß und stellt fest, daß offenbar noch sehr viel drin ist. Er sucht alle möglichen Arten von Gläsern, stellt sie neben das Spülbecken und beginnt, sie nach und nach zu füllen. Plötzlich ruft er: »Leute, Freibier!« Die vollen Gläser stellt er auf das Thekenbrett. Alle stürmen herbei und greifen nach dem Bier.

Zwischendurch kommt einer vom Nebenhaus herein und kauft eine Flasche Mineralwasser und Orangensaft. Bei starkem Drogenkonsum ist es wichtig, genügend Mineralien und Vitamine zu sich zu nehmen. In vielen Besetzerkneipen gibt es Mineralwasser glasweise kostenlos.

Als ich später zu den letzten in der Kneipe zähle, erfahre ich, daß das Faß am Vormittag abgeholt würde und Diddi deshalb Freibier ausgegeben hatte. »Sonst hätten wir es eh nicht leer bekommen.« Er gibt schließlich noch einen Whiskey aus, dann aber breche ich auf in das Zimmer, das mir für den Morgen zur Verfügung steht.

Nag und Tacht

Das Leben auf der Straße bringt für viele Kinder und Jugendliche eine völlige Umstellung des Schlaf-Wach-Rhythmus' vom Tag auf die Nacht mit sich. Gerade diese Veränderung macht vielen Sozialarbeiterinnen und Sozialarbeitern große Schwierigkeiten, die Kids wieder an den Schulbesuch oder an Jobs zu gewöhnen. Es ist aber nicht nur die Umstellung des Zeitrhythmus' selbst, vielmehr müßten die Kids vollständig aus ihrem Bezugskreis herausgerissen werden, denn alle Freunde werden nun mal erst richtig wach, wenn es dunkel wird.

So beschwert sich Elli immer wieder lauthals darüber, daß sie werktags schon um 22 Uhr, an den Wochenenden um 24 Uhr in der *Villa* sein muß. Noch schlimmer ist es für sie, daß die Ausnahmeregelung für Feten festlegt, schon um 2 Uhr früh zurück sein zu müssen. »So ein Quatsch«, beschwert sie sich, »auf eine Fete geht man ja erst um 12.«

Ist es für eine Großstadt ohnehin selbstverständlich, daß sich das Nachtleben bis weit nach Mitternacht erstreckt, so bedeutet das Leben auf der Straße und in besetzten Häusern eine Ausweitung bis in die frühen Morgenstunden. Dann wird der Tag zur Nacht. Viele der Kids stehen erst in den späten Nachmittagsstunden auf.

Für die Kinder, die vom Strich leben, ist die Umstellung natürlich eine Zwangsläufigkeit. Sie haben keine Wahl.

Auch Frosch und Joiny gehören zu den Kids, die man am leichtesten in einer der Besetzerkneipen findet. Zuerst schauen sie so gegen 21 Uhr mal herein, aber dann bleiben sie meistens nur kurze Zeit und verschwinden wieder. Interessanter ist es für sie erst ab 23 Uhr, wenn es allmählich voller wird.

Wenn ich Frosch und Joiny treffen will, probiere ich es zwischen 21 und 22 Uhr zuerst im *S.E.K.* in der Colbestraße, Ecke Scharnweberstraße. Obwohl das *S.E.K.* nicht zu den abgefahrensten Kneipen gehört, steht auch hier schon die Bürgerlichkeit Kopf: Unter die sehr hoch liegende Raumdecke ist das Inventar einer gutbürgerlichen Wohnstube aus den sechziger Jahren genagelt und geschraubt. Da hängen zwei Hocker unter einem Teppich neben einem Radioschrank und einem Fernsehgerät. Auf einen kleinen Tisch ist eine Zeitung und ein Glas geklebt. Wer zur Decke schaut, hat den Eindruck, von oben in ein Zimmer zu sehen.

Eine große Seitenwand ist farbig bemalt mit knallbunten Formen und eigenwilligen Gestalten, die aus Horrorfilmen stammen könnten. Je länger man auf die Wand schaut, desto mehr Figuren erkennt man in dem Wirrwarr. Eine Fratze jagt die andere. Ein Suchbild ganz eigener Art.

Im *S.E.K.* trinken viele Kids Bananen-Kirsch-Saft aus Weizengläsern sowie einen halben Liter der legendären Club-Cola aus DDR-Zeiten für 50 Pfennige.

Ich sitze mit Frosch und Joiny, einigen Jungen und einer älteren Szenefrau zusammen. Am Tisch gegenüber unterhalten sich zwei Jugendliche, von denen der eine alle zwei Minuten auf den Boden neben sich rotzt. Sein regelmäßiges tiefes Kratzen im Hals erzeugt bei mir Schluckimpulse.

Die Gespräche an unserem Tisch drehen sich so gut wie immer um Faschos oder Drogen. Joiny baut gerade »einen«, und Frosch erzählt, daß ein Freund von ihnen am Nachmittag eine Schachtel Automatenzigaretten gezogen hätte, von denen alle high geworden wären.

»Die wird er gestopft haben«, bemerkt die Frau am Tisch.

»Nein, ich war ja dabei, als er sie gezogen hat«, beteuert Frosch.

»Dafür hatten wir in der WG schon mal Shit, von dem man überhaupt nichts gemerkt hat«, kommentiert Joiny.

»Aber weißt du noch das Zeug von neulich?« fragt einer der Jungen. »Das war geil. Es ging uns echt saugut.«

Der Joint kreist. Ich rauche mit, nur die Frau verzichtet als einzige. »Da saugen sie wieder wie an der Mutterbrust«, meint sie. Als sie kurz darauf Joiny auch noch wegen der Schule zum Aufbrechen ermahnt, wird diese sauer.

»Ich hab dir schon mal gesagt, du sollst nicht immer auf meinem Alter rumhacken.«

»Ich hack ja gar nicht auf deinem Alter rum.«

»Natürlich.«

»Nein.«

»Das mit der Mutterbrust und der Schule war absolut überflüssig. Ich bestimme selber, wann ich ins Bett gehe.«

»Ja, okay, es war überflüssig, aber was ist daran so schlimm?«

»Es nervt.«

»Okay, okay, ich werd's mir abgewöhnen. Sei doch nicht so empfindlich.«

»Bin ich aber. Ich kann's nicht mehr hören.«

Kurz darauf wechselt das Thema zu den »Faschos«. In der letzten Nacht hat es eine Prügelei zwischen Besetzern und den Besuchern einer Eckkneipe gegeben. Einige Besetzer wollten in der Wirtschaft Flaschenbier kaufen, wurden aber vom Besitzer rausgeworfen, weil er nicht an linke Chaoten verkaufen würde. Sie sollten zusehen, woher sie ihr Bier bekämen und abhauen. Als die Besetzer ihn einen Faschisten nannten, fielen gleich einige Männer über sie her und prügelten sie vor die Tür.

Die Frau regt sich auf, daß viele zwar immer mit riesigen Anti-Fa-Aufnähern rumlaufen würden, aber wenn es drauf ankäme, würden sie kneifen. Eine ganze Reihe der jüngeren Besetzer hatte offenbar dabei zugesehen, wie die anderen verprügelt wurden. »Da kann ich echt sauer werden, wenn ich so manche hier sehe. Dabei waren wir viel mehr, wir hätten die voll einmachen können.«

Joiny nickt.

»Und dann machen sie einen auf abgefahren und zerreißen sich ihre neuen Jeans, damit Risse drin sind...«

Die Jungen schauen etwas betreten aus der Wäsche, möglicherweise weil sie in der Nacht zu denen gehörten, die gekniffen haben.

Frosch kramt ihre letzten Pfennige zusammen, um sich und Joiny noch eine Cola zu holen, aber sie bringt es nur auf 45 Pfennige. Ich will ihr ein 50-Pfennig-Stück geben, aber sie lehnt ab. »Ich bekomm auch eine für 45«, sagt sie, geht und kommt mit einer Flasche zurück.

»Ach«, sagt die Frau in eine Schweigephase, »morgen früh hab ich frei, mein Gerichtstermin fällt aus.«

Joiny lacht. »Die Bullen haben es echt spät geschnallt, daß Marianne längst weg ist.«

Marianne ist die Frau, von der ich den alten Kapuzenpulli trage. Sie ist für Frosch und Joiny eine wichtige Bezugsperson, hat vieles für die beiden geregelt, ihnen geholfen. Nun mußte sie untertauchen, weil sie in einem Verfahren wegen der Unterstützung einer terroristischen Vereinigung keine Chance gehabt und in den Knast gemußt hätte. Wo sie ist, wissen Frosch und Joiny nicht.

»Na ja«, sagt die Frau, »was hätte sie machen sollen?«

Hans, der Dealer, kommt herein und setzt sich zu uns. Nach kurzer Zeit spendiert er einen Brocken Shit, und so dreht sich wieder alles um den Joint.

Ich wechsle schließlich in die Kneipe im Nebenhaus, in die *Kleine Haifischbar*. Sie besteht aus zwei ziemlich ungemütlichen Räumen. Im ersten laufen ständig Experimentalvideos, die teilweise sehr spannend sind, manchmal zum Wahnsinnigwerden. Im zweiten Raum sind alte, mehrteilige Spiegel an den Wänden angebracht, außerdem gibt es eine kleine Bühne, auf der gelegentlich unbekannte Punk-Bands spielen. Dann kostet es zwei Mark Eintritt, und alle bekommen als Eintrittszeichen einen Fingernagel mit rotem Nagellack bemalt.

Heute ist nichts los, ich kenne niemanden und gehe gleich wieder.

Eine Straße weiter gibt es das *Attentat* in der *K 9*. Es ist die abgefahrenste Kneipe, die ich kenne. Sie ist so stark verbarrikadiert, daß man die laute Musik drinnen nur hört, wenn man

direkt davor auf dem Gehsteig steht. Auf einem alten heruntergelassenen Holzrollo steht: »Touris verpißt euch!«

Ich stoße die Tür auf, und sofort stürzen sieben Hunde mit Gebell auf mich zu, ein achter bleibt uninteressiert auf seinem Platz liegen. Einer springt an mir hoch, und ich erstarre kurz, aber nach und nach kehren alle an ihre Plätze zurück und hören auf zu bellen. Die Luft im Raum stinkt dermaßen nach Hunden, daß mir in der ersten Zeit das Atmen etwas schwer fällt. Die Musik dröhnt. Ich schließe die Tür hinter mir, nicke vage zur Begrüßung in die Runde, dann gehe ich auf eine Bank zu und setze den Rucksack ab.

Außer dem Thekenmann sind noch sechs Leute in dem circa 80 Quadratmeter großen Raum. Alle haben mich beobachtet, denn niemand kennt mich hier. Einige der Hunde schnuppern noch hin und wieder an mir und begleiten mich, als ich aufstehe, um mir ein Bier zu holen.

»Ein Bier.«

Der Thekenmann stellt mir zwei 0,33er Flaschen hin und verlangt 2 Mark. Ich setze mich wieder und schaue auf die Getränke-Tafel. *Ein* Bier scheint hier *zwei* Flaschen zu sein, und die Berliner Pilssorte, die es gibt, heißt hier »Bärenpisse«.

Auf dem Tresen sitzen drei Leute, mit dem Rücken zum Thekenmann, der sie gelegentlich - auf das Brett gestützt - von hinten anspricht. An einem kleinen Tisch sitzen weitere drei Leute. In jeder Gruppe ist eine Frau.

Fast alle Hunde sind beinahe unentwegt in Bewegung. Alle haben Flöhe, denn sie kratzen sich immer wieder sehr heftig oder beißen sich ins Fell. Drei spielen miteinander und werfen sich abwechselnd zu Boden, wobei sie Stühle umstürzen oder auch schon mal gegen den kleinen Tisch fallen, worauf die drei Personen schnell ihre Flaschen festhalten.

Die Musik ist so laut, daß eine Unterhaltung unmöglich ist, aber keiner im Raum scheint ein Bedürfnis danach zu haben. Hin und wieder gibt es kurze, geschriene Wortwechsel. Die Frau auf der Theke brüllt fortwährend ihren Hund namens »Feldmann« an, daß er irgend etwas tun oder nicht tun soll. Es scheint aber eher von einem inneren Impuls ihrerseits abzuhängen als vom Verhalten des Hundes. Entsprechend hört er selten. Erst wenn sie ihn mit *Herr Feldmann!* anschreit, läuft er zu ihr.

Hunde sind die mit Abstand beliebtesten Tiere in den besetzten Häusern. Statt eines Halsbandes bekommen sie rote, schwarze oder Tücher mit Palästinenser-Muster umgebunden. Bei den Kids sind nur die Ratten noch beliebter. In der U-Bahn trifft man immer wieder auf Kids, die auf der Schulter, im Nacken oder unter dem Pullover eine Ratte mit sich tragen. Oft bemerkt man es gar nicht.

Der Raum hat einen alten, ausgetretenen Holzfußboden, und auch die Fensterseiten sind mit langen, schweren Bret-

Die Ratte als Kuscheltier

tern vom Bau beschlagen, so daß es selbst tagsüber kein Licht von außen gibt. Stühle, Bänke und Tische sind bunt zusammengewürfelt, wahrscheinlich vom Sperrmüll. Gleich neben meinem Tisch steht ein Eimer mit Wasser, aus dem die Hunde gelegentlich saufen. Der Durchgang hinter den Tresen ist mit einem großen Abtretgitter versperrt, das gegen den Tresen gelehnt ist. Hinter der Theke steht eine große Dose Hundefutter.

Zwei junge Mädchen kommen zur Tür herein. Nur kurz laufen die Hunde bellend auf sie zu, dann sind sie schon wieder beruhigt. Die Mädchen gehen auf das Gitter zu, rücken es zur Seite und verschwinden nach hinten ins Haus.

Die *K 9* hat den Ruf, immer wieder Kids aufzunehmen, die mal für eine Weile abtauchen wollen. Ich warte hier eigentlich darauf, daß Flips auftaucht, der Zwölfjährige, der aus einem anderen besetzten Haus abgehauen ist.

Es ist schwer zu sagen, wieviele Minderjährige jedes Jahr in den besetzten Häusern ab- und untertauchen. Vielleicht sind es hundert, vielleicht mehrere hundert. Fest steht, daß es viele sind.

Feldmanns Frauchen springt von der Theke und kniet sich zu ihm. Sie krault ihm hinter den Ohren, dann küßt sie ihm mehrmals auf die Schnauze. Feldmanns Frauchens Freund ruft ihn, und er stellt die Vorderpfoten auf das Thekenbrett und wedelt mit dem Schwanz. Der Mann bläst ihn an, und Feldmann schleckt mit der Zunge durch die Luft. Der Mann beugt sich vor und läßt sich von Feldmann übers Gesicht lecken.

Feldmann wird die Haltung zu anstrengend, und er geht wieder runter. Sein Frauchen setzt sich erneut auf das Thekenbrett. Sie dreht sich dem Mann neben ihr zu, dann knutschen die beiden.

Obwohl ich mich längst an den Gestank in der Kneipe gewöhnt habe, trinke ich jetzt zügig meine zweite Flasche »Bärenpisse« aus, denn die Musik und die allgemeine Ödnis gehen mir auf die Nerven. Ich schultere meinen Rucksack und gehe, nicke allgemein in die Runde, aber das interessiert niemanden sonderlich.

Ich gehe weiter die Scharnweberstraße hinauf, bis ich zur Jessnerstraße komme. Ich biege ab und gehe fast ganz durch, bis auf der linken Seite das *Supermolly* kommt.

Die Musik dröhnt bis nach draußen. Tür- und Fensterscheiben sind angelaufen und drinnen läuft das Kondenswasser am Glas hinunter. Die beiden hintereinander liegenden schmalen Räume sind brechend voll. Ich besorge mir ein Bier und kämpfe mich weiter nach hinten durch. An Sitzen ist nicht zu denken, und so lehne ich mich an eine Wand.

Auch hier ist die Einrichtung bunt zusammengewürfelt, aber sehr experimentell verändert. Ein Motorrad aus den 50er Jahren ist zu einem schmalen Tisch umgebaut. An eine Wand sind Buchumschläge geklebt. Der Zwischenraum zwischen einem Doppelfenster ist mit Büchern ausgestopft. Überall stehen Friseursessel herum.

In einer Ecke sehe ich Elli mit ihrem neuen Freund stehen. Auch er ist aus Bayern, aber schon älter als sie. Nach einiger Zeit kommt sie zu mir herüber.

»Haste Tabak?«

»Ja.«

Sie dreht sich eine Zigarette, sagt aber nichts.

»Biste nicht gut drauf heute?« frage ich.

»Nee.«

»Warum nicht?«

»Weiß nicht.«

Schweigend steht sie noch eine Weile vor mir, dann geht sie wieder. Später kommt sie ein zweites Mal. »Kann ich noch mal deinen Tabak haben?«

»Klar.«

Es ist für mich oft schwer zu erfahren, was eigentlich in den Kids vorgeht. Sie wirken oft bedrückt, ohne das offenbar in Worte fassen zu können, dann wieder sind sie völlig aufgedreht. Vielleicht sind diese Schwankungen der Ausdruck ihrer Zwiespältigkeit von scheinbar grenzenloser Freiheit auf der einen Seite und sozialer Einsamkeit auf der anderen.

Später stehen Elli, ihr Freund und ich noch eine Weile zusammen. Mehrmals sagt sie, daß sie jetzt gehen wird. Ich habe den Eindruck, daß das ein Hinweis für ihren Freund sein soll, aber der reagiert nicht, ist ohnehin ziemlich betrunken. Als sie schließlich geht, bleibt er, »weil die Stimmung so saugut ist«.

Auch ich bleibe noch lange und werde allmählich betrunken. Gegen Mitternacht entschließe ich mich noch zu einem mittleren Fußmarsch. Statt noch in die Kneipen der Rigaer Straße wie *X-Bee-Liebig*, *Filmriß* oder *Schizzo-Tempel* zu gehen, will ich lieber in die *108*.

Auch dort ist viel Betrieb. Selbst in dem kleinen Kellerraum mit dem Kicker stehen acht Leute.

Die Kneipe hat eine Atmosphäre wie eine Höhle. Der eigentliche Kneipenraum ist völlig schwarz. Die Wand hinter dem Tresen hat große ausgefräste Muster, die tiefrot ausgemalt sind. Auf die Tür des Kühlschranks rechts in der Ecke ist »Traumfeen statt Hexen« geschrieben. Oben auf dem Kühlschrank stehen zwei Totenköpfe, der größere und hellere ist aus Kunststoff.

Als es unten im Kellerraum leerer wird, klettere ich die Leiter hinunter und sehe eine Zeitlang beim Kickern zu. Als einer der Jugendlichen keine Lust mehr hat, sagt ein Mädchen zu mir:

»Mach mit.« Es klingt wie ein Befehl. Ich spiele mit. Ich kenne sie flüchtig, sie heißt Nanni und spielt zusammen mit ihrem Freund Gerd. Ich bilde ein Team mit einem Mann, den ich nicht kenne. Gerd spielt die hinteren Stangen, Nanni die vorderen. Läßt Gerd den Ball ins Tor, kommentiert Nanni das mit einem »Versager!«, der Ton ist vollkommen hart und scharf.

Nanni ist fast überall tätowiert und hat eine Reihe von Ringen in der Haut: in der rechten Augenbraue, im Nasenflügel und einen in der Unterlippe. Beim Kickern ist sie völlig gebannt und angespannt.

Nach ein paar Spielen hat Gerd keine Lust mehr, so daß von nun an ich mit Nanni spiele. Jetzt trifft mich ihr »Versager!«, und ich merke, daß es gar nicht so einfach ist, sich nicht davon beleidigen zu lassen und sich statt dessen zu distanzieren. Als ich einmal drei Bälle schnell nacheinander ins Tor gehen lasse, werde ich richtig nervös.

Später hören wir auf, klettern die Leiter hinauf und setzen uns an die Theke. Ich komme mit Nanni ins Gespräch. Sie ist vor ein paar Tagen zwanzig geworden, ist kurz vor ihrem achtzehnten Geburtstag von zu Hause abgehauen und stammt eigentlich aus Niedersachsen. In der Pfarrstraße wohnt sie seit knapp zwei Jahren. Abgehauen ist sie, weil ihr das »Gequatsche« der Eltern »auf den Geist ging«.

Sie erzählt mir, daß sie sich eigentlich wie vier Personen fühlt.

»Manchmal bin ich ziemlich hart, manchmal verrückt, aber dann so richtig irre, weißte, manchmal bin ich depressiv und dann...«

»... bist du manchmal auch ganz schmusig«, ergänze ich.

»Nein! Nie!«

»Du bist nie schmusig drauf? Anlehnungsbedürftig, willst nicht deine Streicheleinheiten?«

»Nee.«

»Hm«, mache ich, »ich bin das oft.«

»Ich nicht.«

Ich bin überrascht über diese deutliche Abgrenzung.

»Ich küsse auch nie. Ich habe Gerd noch nie geküßt.«

»Noch nie?«

»Nee.«

»Warum nicht?«

»Weil ich das nicht ab kann.«

Daß ein Ring in der Lippe auch dies ausdrücken kann, war mir bisher nicht klar gewesen.

»Was treibst du zur Zeit so?« frage ich.

»Nichts.«

»Wovon lebst du?«

»Gerd hat manchmal tageweise 'nen Job, davon leben wir. Ich würd gern hier gegenüber auf'm Bau mitarbeiten, aber das ist noch nicht klar, weil ich 'ne Frau bin.«

»Gibt's 'nen Beruf, den du mal machen willst?«

»Nee. Ist alles Scheiße.«

Viele der Jugendlichen hier haben die Vorstellung einer beruflichen Laufbahn, ausgehend von einer Lehre, völlig aufgegeben. Geldverdienen hat hier etwas Sporadisches, hängt von Gelegenheiten ab und von der Lust. Der Beruf als Kern des weiteren Lebens existiert nicht.

»Und was willst du später mal machen?«

»Hausfrau.«

»Was?« frage ich erstaunt.

»Ja, das machen doch alle. Was will man denn sonst machen? Heiraten... Kinderkriegen... ein Haus bauen...«

Nanni ist ein geballtes Paket Utopielosigkeit. Denkt sie an ihre Zukunft, kann sie sich nur das aller Konventionellste vorstellen. Eine Gegenvorstellung fällt ihr nicht ein. »Ich weiß nicht, was ich sonst tun könnte.«

»Aber sag mal«, frage ich, »so tätowiert zu sein ist aber nicht gerade üblich für bürgerliche Frauen.«

Sie grinst. »Ich bin überall am Körper tätowiert. Ich habe nur noch ein paar freie Stellen, da will ich was Großes hin haben, aber dafür hab ich noch kein Geld.« Sie macht eine Pause. »Ja«, fügt sie hinzu, »damit muß ich dann leben.«

Sie bestellt noch einen Wiskey.

»Wo wohnst du?« fragt sie mich.

»Hab keine Penne.«

»Ach? Kannst heute nacht bei mir pennen. Ich schlaf sowieso bei Gerd.«

»Okay«, sage ich, erfreut über diese Erleichterung. »Bist du schon lange mit Gerd zusammen?«

»Etwas über ein Jahr. Verliebt bin ich nicht, aber Gerd ist genau der richtige Mann für mich, weißte? Als ich neulich bei den Chaos-Tagen in Hannover war, bin ich da ziemlich versumpft. Ich hab da mal gewohnt, es war komisch. Alles war schon längst vorbei, aber ich bin da irgendwie nicht weg gekommen. Ich konnte mich nicht aufraffen, wieder zurück zu trampen. Nach ein paar Tagen hat Gerd sich richtig Sorgen gemacht um mich. Er hat den Job, den er gerade hatte, abgesagt, hat sich ein Auto geliehen und ist nach Hannover. Und stell dir vor: Er hat mich gefunden. Irgendwo in Hannover. Zufall - aber es gibt keinen Zufall.« Sie erzählt das und ist selbst ein bißchen gerührt von ihrer Geschichte.

»So einen wie Gerd brauch ich.«

Ich nicke.

Zu fünft sitzen wir an der Theke, und Rolf bittet uns, allmählich zu gehen, denn es ist inzwischen 3 Uhr nachts, und er will jetzt ins Bett.

Nanni lädt uns alle zu sich aufs Zimmer ein, und wir gehen ein Haus weiter in die erste Etage. Es ist das Haus, vor dem das Mietklo steht.

Die Zimmertür muß man mit Rohrzange und Schraubenzieher öffnen. Obwohl das Zimmer ziemlich dreckig ist, ist es nicht ungemütlich. Links steht ein kleiner Sessel und eine alte Couch. Rechts das Bett, das aus einer Tür besteht, die auf zwei hohen Holzböcken liegt. Davor steht eine Haushaltsleiter.

Nanni hat noch eine Flasche Rotwein, die sie öffnet, und irgendwo findet sie noch das eine und andere Glas. Sie steckt eine Kassette in den Ghetto-Blaster und dreht die Lautstärke voll auf. Kurz darauf wird auch im Nebenraum Musik angestellt und laut aufgedreht. Zwischen beiden Zimmern ist eine Tür in der Wand.

Nanni sitzt mit den beiden anderen Männern auf der Couch. Ich sitze jetzt neben Gerd. Wir kommen ins Gespräch, dazu müssen wir die Köpfe dicht zueinander wenden wegen der Lautstärker der Musik.

Gerd ist dreiundzwanzig, hat Abitur gemacht, sich direkt danach aber von zu Hause abgesetzt. Er hat jetzt einen relativ regelmäßigen Nebenjob, wo er als »Student« läuft und keine Abzüge hat. Das Geld reicht für ihn und Nanni locker, obwohl: »Mit dem Geld steigen auch die Ansprüche«. Nanni möchte jetzt unbedingt einen Farbfernseher kaufen.

Wir führen schließlich ein sehr offenes Gespräch. Ich erzähle, daß ich ein Buch über das Leben auf der Straße und gerade über die Jüngeren schreiben will. Gerd findet das »total gut«, damit »die Leute« endlich mal mehr darüber erfahren.

»Ich hab mir auch schon mal überlegt, ein Buch zu schreiben, so mit Gedanken. Ich mach mir ziemlich viele Gedanken so über alles. Aber vielleicht mach ich das erst im Alter, kurz vor meinem Tod.«

»Warum erst dann?«

»Ach, ich weiß nicht. Ein Buch ist etwas, das irgendwie bleibt, auch wenn wir schon tot sind. Ich hab ziemlich viel Angst vor dem Tod, aber für mich wär es so, daß ich ruhiger sterben könnte, wenn ich im Leben was geschafft hätte. So was wie 'n Lebenswerk.«

»Und was könnte das sein?«

»Na ja, ein Buch schreiben vielleicht. Ich weiß es auch nicht. Aber ich will so was schaffen.«

Wir unterbrechen das Gespräch, weil ich pinkeln muß. Gerd geht mit. Eigentlich müßten wir jetzt raus aus dem Haus und ins Mietklo oder auf das unbebaute Grundstück gegenüber, aber Gerd zeigt mir eine andere Möglichkeit. »Eigentlich wollten wir das nicht mehr machen, aber...«, sagt er. »Hier.« Auf dem Zwischenabsatz der Treppe deutet er auf das offene Flurfenster. Ich verstehe nicht sofort, begreife dann aber, als er seine Hose öffnet. »Sei aber vorsichtig«, meint er und tritt näher ans Fenster.

Da es stockdunkel ist im Hausflur und ich nicht mehr gerade nüchtern bin, trete ich vorsichtig an das große Fenster heran. Ich stelle mich neben Gerd. Wir stehen im Fenster, drücken unsere Hüften so weit es geht nach vorne und pinkeln im hohen Bogen in den Hinterhof. Unten plätschert es. Gerd sagt irgend etwas, aber ich kann nicht richtig zuhören; es ist ein merkwürdiges Gefühl, aus einem offenen Fenster im ersten Stock eines Wohnhauses in den Hinterhof zu pinkeln.

Wir gehen wieder ins Zimmer. Gerd knüpft an das Gespräch von vorher an.

»Ich möchte im Leben etwas schaffen, es zu etwas bringen.«

Ich nicke.

»Weißt du, was meine größte Angst ist?« fragt er. »Daß ich das nicht schaffe. Ich habe Angst, daß ich mein Leben schon jetzt mit dreiundzwanzig verpfuscht habe. Eigentlich denke ich, daß ich noch lange Zeit habe. Ich bin ja noch jung. Aber dann krieg ich Angst, daß ich es nicht mehr schaffe, mein Leben wieder umzustellen. Es macht mir Spaß, wie ich jetzt lebe. Ich will noch keinen richtigen Beruf oder eine Familie oder so. Ich will erst mal was vom Leben haben. Einen drauf machen, wann ich will. Und so.«

»Klar.«

»Aber was ist, wenn es plötzlich zu spät ist? Wenn ich keine Chance mehr kriege. In dieser Gesellschaft hat man total schnell keine Chance mehr. Dann bist du ausgestoßen, weg vom Fenster.«

»Klar, wer nicht funktioniert...«

»Genau. Und wir hier funktionieren alle nicht. Deshalb hassen sie uns.«

Wir schweigen kurzzeitig.

»Wenn diese Angst nicht wäre, wär ich zufrieden. Ich wohn hier gerne. Hier habe ich Nanni kennengelernt. Sie ist genau die richtige Frau für mich. Wir kommen einfach gut miteinander klar. Wir verstehen uns. Natürlich streiten wir uns auch mal, dann fliegen die Fetzen, aber das geht vorbei.«

Wir reden eine Zeitlang nicht. Nanni trinkt die Weinflasche leer, dann setzt sie sich zu Gerd auf den Schoß.

Draußen wird es allmählich hell. Die Fenster sind zwar mit Wolldecken verhängt, aber an den Seiten dringt schon Morgenlicht herein. Ich lege mich mit dem Rücken auf den Boden.

Nanni und Gerd fangen an, sich zu berühren. Sie lehnen die Köpfe aneinander. Gerd schiebt eine Hand unter Nannis T-Shirt und streichelt ihr rauf und runter über den Rücken. Nanni hat ihm eine Hand auf die Schulter gelegt und die Augen geschlossen. Ununterbrochen reiben sie ihre Schläfen aneinander, und Gerd läßt seine Hand über Nannis Rücken fahren. Sie küssen sich die ganze Zeit nicht auf den Mund, auch faßt weder er ihr an den Busen noch sie ihm an die Hose.

Lange sitzen sie so da. Ihre Zärtlichkeiten haben noch etwas Kindliches, wie die frühen Annäherungen an das andere Geschlecht während einer ersten Jugendparty.

Die Kassette ist zu Ende, und der Rekorder schaltet sich ab. Jetzt ist wieder die Musik vom Nebenzimmer zu hören, die laut dröhnt. Ich bin inzwischen so müde, daß sie mich nicht mehr vom Einschlafen abhalten wird. Doch plötzlich wird auch sie ausgestellt. Jetzt ist es völlig ruhig im Haus. Ich nicke ein.

Als ich wach werde, ist einer der beiden anderen Männer gerade gegangen, der andere hat sich ins Bett gelegt. Nanni und Gerd stehen an der Tür. »Du kannst dich ja da hinlegen«, sie deutet auf die Couch an der Wand, »wir gehen jetzt hoch«, sagt Nanni.

»Ja.«

Sie gehen. Ich ziehe meinen Schlafsack aus der Plastiktüte und rolle ihn auf der Couch aus. Noch einmal gehe ich zum Fenster, um es einen Spalt breit zu öffnen und frische Luft herein zu lassen. Von hier aus sieht man auf die verrottenden Autos gegenüber, die teilweise von wucherndem Grün bedeckt sind. Ich lege mich schlafen. Es ist 5 Uhr.

Die Zukunft dauert 24 Stunden

Ich sitze am Eingang vom Bahnhof Zoo. Es ist später Nachmittag und ruhig. Ich beobachte den Platz. Ein Mann mit Glatze und einem Haarkranz drum herum, den hinten ein winziger Zopf ziert, kommt auf mich zu.

»Brauchst du Arbeit?«

»Kommt drauf an.« Ich stehe auf und schaue ihn an. »Was hättest du denn?«

»Ich arbeite für eine Firma, die verschiedene Sachen verkauft. Hausverkauf. Wer gut ist, kann auch ganz gut verdienen.«

»Ach so«, antworte ich, »ich dachte, es wäre was auf die schnelle. Ich bin nämlich nur noch eine Weile auf der Straße.«

»Na ja, dann kommt es nicht in Frage.«

Er ist Österreicher und macht zur Zeit »Aufnahme«. In ein paar Tagen geht er für einige Zeit nach München, auch zur »Aufnahme«. Der Winter naht, da steigen seine Aufnahmequoten. Hier am Zoo kennt er sich gut aus, viele kennen ihn. Mehrmals im Jahr ist er für längere Zeit hier. Immer findet er welche, die es mit dem Hausverkauf probieren wollen.

»Hauptsächlich verkaufen wir seit einiger Zeit in den neuen Bundesländern«, erzählt er mir. »Da läuft es ganz gut.«

»Hier sind ja viele Jugendliche«, frage ich ihn, »nimmst du die auch auf?«

»Nee, nee, das ist zu gefährlich. Wenn sie dich da erwischen, bist du reif. Unter 18 Jahre nehme ich keinen auf. Da kriegt man nur Streß.«

»Und wie lange machen die Leute das so durchschnittlich?«

»Ach, ein Jahr höchstens die meisten. Aber wir haben auch welche, die machen das schon ein paar Jahre.«

»Und wenn sie aufhören, haben sie dann genug Geld, um von der Straße wegzukommen.«

»Nee, die meisten nicht. Eigentlich sind fast alle anschließend wieder auf der Straße. Manche schaffen es, die verdienen auch ganz gut. Aber das sind nur wenige.«

Ich nicke. Der ewige Kreislauf also, unterbrochen von einer kurzen Phase des Hausverkaufs. Die kurze Illusion des Aufstiegs wird ziemlich schnell zerstört. Warum sich dann überhaupt mit »Klinkenputzen« plagen, statt zurück auf die Straße zu gehen? Hausverkauf - keine Alternative also für diejenigen, die auf der Straße leben.

Ich gehe zu Achmed, um mir eine Dose Bier zu kaufen, da ruft plötzlich jemand: »Zivilbullen!«

Alle stieben auseinander. Achmed greift seine zwei Plastiktüten und eilt zum Busbahnhof. Ich laufe zum nächsten Eingang, und komme neben einem Jungen und einem Mädchen zu stehen, die ebenfalls bei Achmed Bier gekauft hatten. Der Junge fragt mich nach meinem Tabak, und so kommen wir ins Gespräch. Sofort erzählt er großspurig, daß er am kommenden Freitag eine Verhandlung hat, vermutlich bekommt er ein halbes Jahr Jugendknast. Er war neulich in Hannover und hat irgendwo eingebrochen. »Wahrscheinlich«, meint er, »bekomme ich anschließend noch ein halbes Jahr wegen der *Kaufhalle* in Dresden. Das haben wir zu zweit gemacht. Den andern haben sie geschnappt, und der hat mich verpfiffen. Das Arschloch! Glaub's mir, meine Dinger mache ich zukünftig alleine. Der soll mir noch mal unter die Finger kommen.«

Irgendwie kommen wir auf Autos zu sprechen, und er schlägt sofort vor, sich eins zu klauen und »einen los zu machen«.

»Ach«, sagt seine Freundin, »und du fährst dann, wa?«

Ich vermute deshalb, daß er noch keine 18 Jahre alt ist und schon mal beim Fahren ohne Führerschein erwischt wurde. Das Mädchen schätze ich auf höchstens 15 Jahre.

»Und«, frage ich sie, »wie ist das, wenn der Freund laufend eingebuchtet ist?«

Sie zuckt mit den Schultern.

Wir verlieren uns schließlich.

Wie sieht die Zukunft dieser Kinder aus? Welche Vorstellungen von ihrer Zukunft haben sie selber?

Frosch und Joiny sind sich ziemlich einig in ihrer Auffassung.

»Über meine Zukunft denke ich nicht nach«, sagt Frosch, »ich weiß nicht, was mal wird.«

Joiny bekräftigt das: »Ich weiß nicht, was ich mit fünfundzwanzig mal mache, keine Ahnung. Aber es interessiert mich irgendwie auch nicht.«

Noch pointierter brachte es mal ein anderer Jugendlicher zum Ausdruck. »Über meine Zukunft denke ich nicht nach, ich denke immer nur bis morgen, und was übermorgen kommt, weiß ich morgen.«

Viele der Kids haben überhaupt keine Vorstellung davon, was später aus ihnen werden könnte. Danach befragt, sind ihre Köpfe wie leergefegt. Überhaupt ist ihr gegenwärtiges Leben völlig von dieser Zukunftslosigkeit geprägt:

Wer in besetzten Häusern wohnt, muß ständig damit rechnen, nach einer Räumung am nächsten Tag auf der Straße zu stehen. »Formale Obdachlosigkeit« nennen das die Fachleute. In der Schule lernt man schon lange nichts mehr fürs Leben und längst auch nicht mehr für den Übergang in eine Berufslaufbahn. Die Berufschancen überhaupt liegen jenseits einer auch nur halbwegs befriedigenden, wenn schon nicht selbstverwirklichenden Arbeit. Dazu kommt, daß Phasen von Arbeitslosigkeit ohnehin heute zu fast jedem Lebenslauf gehören.

Wer drogenabhängig ist, muß bis ins Erwachsenenalter überleben, bevor angemessene Therapiemöglichkeiten zur Verfügung stehen. Wer den Kontakt zu den Eltern abgebrochen hat, lebt »auf der Straße« lediglich in einer weiteren, völlig instabilen Umgebung. Wer den Kontakt zu einer Erst-Anlaufstelle wie die *Treberhilfe*, das Sleep In, den Kinder- und Jugend-Notdienst oder *Die Bleibe* sucht, wird meist zunächst an Übergangseinrichtungen vermittelt. Da aber die Möglichkeiten zum Wechsel in betreute Wohnprojekte höchst begrenzt sind, haben auch die Übergangseinrichtungen oft den Charakter von Abstellgleisen.

Kein Wunder also, daß für viele dieser Kids Zukunft kein Thema ist.

Stößt man dennoch auf Kinder, die sich Gedanken über ihre Zukunft machen, erschreckt deren Utopielosigkeit. Kein Moment des Aufbruchs findet sich da. Statt dessen Festhalten am Altbekannten. Für diese Kinder ist es schon eine Leistung, wieder in die allerbürgerlichsten Normen zu passen, geschweige denn, eine soziale Utopie anzustreben. Das ist auch nicht verwunderlich in einer Gesellschaft, die schon Vierzehnjährigen keine Experimentierräume mehr zugesteht.

So wie für Nanni außer Ehe, Kinder und Eigenheim nichts denkbar ist für ihr späteres Leben, so geht es auch Ben: Er sieht seine große Aufgabe darin, die gängigen Statussymbole zu erreichen. Er möchte es später zu einem Haus und - wenn alles gut läuft - zu einer eigenen kleinen Auto-Werkstatt bringen. Teamprojekte liegen ihm fern, er will höchstens noch *einen* Mitarbeiter. Zudem wünscht er sich eine Freundin - heiraten will er nicht.

Elli kann sich einen Job mit Tieren vorstellen, alles andere weiß sie noch nicht.

Als ich bei Frosch anrege, sie solle sich doch mal darauf einlassen, nur so zum Spaß, wie es in zehn Jahren aussehen könnte, weigert sie sich strikt. »Ich habe mir nur eins überlegt, ich werde nie, nie aus unserem Haus ausziehen.«

Joiny geht kurz auf meine Anregung ein. »Ich kann mir erst mal nicht vorstellen, daß ich mal heirate und Kinder kriege und ein Haus habe. Ich weiß auch noch keinen Beruf. Was ich gut finde, sind Projekte in besetzten Häusern, Werkstätten oder Volksküchen oder so.«

Nur in einem sind sie sich einig: Kinder kriegen wollen sie nie. »Ich will ja nicht, daß es meinem Kind hinterher so geht wie mir«, meint Joiny dazu nüchtern.

Natürlich ist für alle selbst ein vorläufiges Zurück zu den Eltern undenkbar. Wer so früh ein so hohes Maß an Freiheiten erlebt hat, will nicht mehr zurück in die elterliche Bevormundung. Und überhaupt spielen die Eltern meist keine Rolle bei der Lösung ihrer Probleme oder bei der Gestaltung ihrer Zukunft.

Wenn aber der Weg zurück so strikt als abgeschnitten erklärt wird und die momentane soziale Umgebung so instabil ist - wo liegen dann die Möglichkeiten einer stärkeren Integrierung?

Die Erst-Anlaufstellen sehen völlig ratlos auf dieses Problem. Die Mitarbeiter trösten sich mit den wenigen Fällen, in denen es geklappt hat oder verschließen schlicht die Augen davor, daß sie dazu da sind, an einem gesellschaftlichen Problem zu arbeiten, zu dessen Lösung sie gar nicht beitragen können. Es stehen immer nur neue Kinder vor der Haustür, die ihre Lage nicht mehr ertragen können. Viele Kinder kommen im Lauf des Jahres öfter. 9000 »Kontakte« hatten die Erst-Anlaufstellen in Berlin 1994. Und einige der Jugendlichen kommen längst mit eigenen Kindern.

Ich mache mich auf den Weg zu einem Gespräch im Kinder- und Jugend-Notdienst. Wie sehen die Mitarbeiter ihre Arbeit? Was glauben sie zu einer Zukunft der Kids beitragen zu können?

Als ich in der Gitschiner Straße ankomme, warte ich eine Weile vor dem Haus. Im 10-Minuten-Takt halten hier Taxen, um Frauen mit Kindern abzusetzen oder abzuholen. Die Frauen sind Mitarbeiterinnen und haben die Kids entweder an irgendeiner Polizeiwache abgeholt oder begleiten sie nun zum

Bahnhof, von wo sie die Rückreise zu den Eltern oder in ein Heim antreten.

Als ich ins Haus gehe, werde ich von oben bis unten gemustert. Man hält mich wohl kurzzeitig für einen verirrten Trebegänger, bis ich mich erklärt habe. Ich erhalte ein Gespräch mit einer »Krisenarbeiterin«.

Nach dem Selbstverständnis der Mitarbeitenden ist das Haus durchaus mehr als »nur« eine Aufnahmestelle für Kinder, die von zu Hause abgehauen sind. Während der durchschnittlichen Verweildauer von 2-3 Monaten sollen hier nicht nur die Lebensumstände der Kids geklärt werden, sondern es soll schon mit einer therapeutischen Arbeit begonnen werden.

Die Mitarbeiterin weiß, daß es oft Familienbedingungen für Kinder gibt, bei denen es nicht sinnvoll ist, sie zurück zu den Eltern zu schicken. Doch gerade bei den Jüngeren ist die Alternative fast immer nur das Heim.

»Erleben Sie hier auch viele Kinder mit den sogenannten überzogenen Freiheitsansprüchen?«

»Nein«, sagt die Sozialarbeiterin entschieden und betont, »hier geht es fast immer um pure Not.« Es geht um sexuell mißhandelte Kinder, um blau-geprügelte und psychisch völlig zermürbte Kids.

Sie meint schließlich auch, daß sie bemüht seien, möglichst nichts gegen den Willen des Kindes zu tun, »vergißt« dabei aber eine Funktion des Hauses, nämlich stadt-fremde Kinder zurück in ihre Heimatstädte und -gemeinden zu schicken sowie das dortige Jugendamt über die Familieverhältnisse zu informieren. Die Stadt Berlin ist natürlich nicht sonderlich darauf aus, den Großteil der überall in Deutschland abgehauenen Minderjährigen unterzubringen und zu »reintegrieren«.

Wie in anderen Städten auch, ist der Kinder- und Jugend-Notdienst eine Anlaufstelle in akuter Not. Wie es mit den Kids nach der Aufnahme weitergeht, hängt von weiteren Einrichtungen ab - sofern es welche gibt.

Ein Mitarbeiter platzt in den Raum. Sofort erklärt ihm seine Kollegin, was ich von ihr will und warum ich »so« aussehe.

Ich erfahre schließlich noch, daß es in starkem Maß Minderjährige aus den östlichen Bundesländern sind, die bei ihnen ankommen. »Bei denen tun sich oft Lebensgeschichten auf, die unsere Vorurteile gegenüber der DDR noch übertreffen, besonders bei den Heimkindern.«

Obwohl hier Kinder und Jugendliche Tag und Nacht auch freiwillig reinkommen können, wenn es ihnen schlecht geht, ist eines der größten Probleme, wie man an die Straßenkinder herankommt, denn die meisten suchen betreuende Einrichtung nicht von sich aus auf. Um ihnen einen ersten Kontakt möglichst leicht zu machen, unterhalten verschiedene soziale Einrichtungen sogenannte Mobil-Dienste. Das sind Fahrzeuge, die zu regelmäßigen Zeiten besonders wichtige Orte wie den Bahnhof Zoo, den Alexanderplatz, den Hauptbahnhof und andere anfahren und Lebensmittel und Kleidung verteilen, ärztlich versorgen, beraten und auch schon mal Spritzen ausgeben.

Eine andere Art, gerade Minderjährige auf der Straße zu unterstützen, ist das Streetworking. Streetworker sind Männer und Frauen, die ihre Arbeitszeit ebenfalls auf der Straße verbringen und gezielt den Kontakt zu einzelnen Kids oder ganzen Gruppen suchen.

Ich habe einen Termin bei dem Verein *Gangway*, bei dem zehn Teams bestehend aus je drei Personen arbeiten. Ich treffe zwei Frauen und einen Mann.

Eigentlich sind Streetworker, so wird mir erklärt, nicht vorrangig dazu da, Kinder, die schon abgehauen sind, von der Straße zu holen, sondern denen »vorbeugend« Perspektiven anzudeuten, die zwar ihren Alltag schon auf der Straße verbringen, aber noch ein Dach über dem Kopf besitzen. »Wir wollen ihnen Infos geben, Know-how vermitteln, damit sie sich frühzeitig zu helfen wissen und gar nicht erst in die Obdachlosigkeit oder andere Lebenskrisen hineingeraten.« Die Gefahr, daß die frühe Abnabelung von der Familie in die Verwahrlosung führt, kann gemindert werden. Sozialarbeit muß heute Angebote auf der Straße anbieten und Jugendlichen Chancen eröffnen oder andeuten, auf die sie selbst gar nicht kämen.

Überzogene Erwartungen an ihre Arbeit weisen die Streetworker jedoch zurück. Diesen»Druck« wollen sie sich nicht aufbürden lassen und könnten ihm auch nie gerecht werden. Erfolg heißt für sie zunächst,»kleine Dinge« ermöglicht zu haben: Freizeiträume, Wochenendfahrten von Gruppen oder auch einen Proberaum für Musikgruppen. Ob die Jugendlichen anschließend weitergehende Unterstützung in Anspruch nehmen oder nicht, hängt alleine von ihnen selbst ab.

Das wichtigste Moment für den Kontakt zwischen Jugendlichen und Streetworkern ist denn auch,»sich als Menschen kennenzulernen, sonst geht gar nichts«.»Haben wir uns erst mal menschlich kennengelernt, dann stoßen wir fast immer auf ein sehr großes Redebedürfnis, bei dem als erstes mal das Zuhören-Können gefragt ist. Viele sind ja schon dankbar, wenn sich überhaupt Erwachsene für sie interessieren.«

Natürlich vermitteln die Streetworker den Kids auch Wohnmöglichkeiten, wenn es zu Hause gar nicht mehr geht.

Die *Villa Störtebecker*, in der Elli und Manni zur Zeit wohnen, Ben gewohnt hat, ist so eine Wohnmöglichkeit. Hier haben die Kids die Gelegenheit, ein halbes Jahr lang zu wohnen. In dieser Zeit können sie mit den Sozialarbeiterinnen und Sozialarbeitern klären, wie es weitergehen soll. Der *Villa* wiederum sind betreute Wohnprojekte angeschlossen, in die die Kids für länger umziehen können.

Allzu häufig allerdings werden die Übergangseinrichtungen schlichtweg »umfunktioniert«. Die Kids lassen es sich eine

Weile gut gehen, besonders im Winter, nehmen mit, was sie bekommen können, und verschwinden schließlich wieder.

Das ist das Dilemma fast aller Sozialeinrichtungen für die Minderjährigen. Einerseits soll den Kids die Chance gegeben werden, ohne Zwang und Druck zu einer eigenen Entscheidung zu kommen, wie es mit ihrem Leben weitergehen soll; andererseits aber entscheiden sich dann viele ausgerechnet dafür, eine Art Konsumentenrolle einzunehmen und die Einrichtung auszunutzen, wo es eben geht. »Sie nehmen nur unseren Service in Anspruch«, so drücken es viele Fachleute aus und finden diese Haltung ganz legitim. Wer die Straßenkinder ernstnimmt, muß ihnen auch ein solches Verhalten zugestehen. Damit aber bekommt das Leben auf der Straße eine größere Attraktivität als vorher, denn wenn es mal gar nicht mehr weitergeht, wird schon irgendeine Einrichtung zur Verfügung stehen.

Ich sitze mit einer Sozialarbeiterin der *Villa* im Hof.

»Wir können diese Probleme nicht lösen«, sagt sie selbstkritisch, »was die Kinder ihr Leben lang vermißt haben, war meistens Zuwendung, das Gefühl, angenommen zu sein, geliebt zu werden, und nicht nur, wenn sie gute Leistungen erbringen. Das können wir hier nicht ersetzen.«

»Aber welche Möglichkeiten gibt es dann?«

»Keine Ahnung. Wir sind doch genauso ratlos wie viele Eltern. Sicher wäre es gut, wenn Wohngemeinschaften mit älteren Leuten bereit wären, solchen Kids ganz normal ein WG-Zimmer zu geben und sie auszuhalten und sich ein bißchen um sie zu kümmern. Mit den Eltern geht es ohnehin meistens nicht mehr.«

»Hmhm«, mache ich.

»Neulich hatten wir für ein paar Tage einen Zwölfjährigen hier.«

»Wie heißt der?« frage ich sofort, denn vielleicht ist es der, von dem ich schon in der *Bleibe* gehört hatte.

»Flips. Kennst du ihn?«

»Ich weiß nicht. Wie sieht er denn aus?«

»Er ist noch sehr klein, mollig, hat einen kurzgeschorenen Kopf und eine ziemlich verrauchte Stimme.«

»Ich glaube, ich kenne ihn vom Sehen. Er ist mir immer mal wieder begenet.« Ich denke an den Jungen vom Alex. »Er soll in der *K 9* gewesen sein.«

»Keine Ahnung. Er hat jedenfalls eine chronische Bronchitis und kam hier mit fast 40 Grad Fieber an. Er besaß nichts. Drei Tage lang haben wir ihn einigermaßen aufgepäppelt. Er hat vorher bei dem Vater gelebt. Die Eltern leben getrennt. Wir haben den Vater dann herausgefunden und angerufen. Er wohnt in einer kleinen Stadt nördlich von Berlin. Wir konnten Flips einfach nicht hier behalten. Wir hätten damit erst recht dafür gesorgt, daß er Szeneanschluß bekommt. Er ist einfach zu jung. Na ja, jedenfalls haben wir heimlich mit dem Vater ausgemacht, daß er ihn zwei Tage später abholen soll. Und dann passierte was ganz Verrücktes. Als hätte Flips das ganze irgendwie gewittert, verschwand er in der Nacht davor, ohne daß hier irgend jemand etwas bemerkt hätte. Er war einfach wieder weg. Spurlos verschwunden. Er besitzt nicht einmal eine Jacke und läuft nun mit seiner chronischen Bronchitis, die dringend ausgeheilt werden müßte, irgendwo herum.«

»Scheiße!«

»Was sollen wir machen? Wieder in geschlossene Heime einweisen?«

Die Ratlosigkeit der Einrichtungen ist bei vielen Problemen groß. Das betrifft nicht nur die Tatsache, daß es zuwenig Wohnmöglichkeiten außerhalb von Familie und Heim gibt.

Mit Schule und Ausbildung gehen die Schwierigkeiten weiter.

Bei einem Treffen mit zwei Mitarbeiterinnen von *Arbeit, Bildung und Wohnen* frage ich nach den Chancen etwa eines Jungen, der den Hauptschulabschluß nachmachen möchte. Ich erfahre, daß gerade in Berlin inzwischen eine ganze Reihe von speziellen Schulklassen mit besonderen Bedingungen existieren, die es jungen Schulabbrechern ermöglichen sollen, Schulabschlüsse nachzuholen. Ich weiß, daß in eine solche Klasse demnächst auch Ben gehen soll. Als ich aber nachfrage, welche beruflichen Perspektiven ein Hauptschüler denn anschließend hätte, ziehen meine Gesprächspartnerinnen die Augenbrauen hoch.

Warten auf die nächste Rot-Phase: Scheibenputzerin

»Ja, die Hauptschule ist heute für die meisten Schüler eine Sackgasse, was den freien Arbeitsmarkt betrifft. Das muß man ganz klar sehen. Statt dessen müssen wir versuchen, andere Fähigkeiten als die typisch schulischen zu fördern, um nach überstandener Schulzeit jemanden eher durch diese anderen Fähigkeiten in eine Ausbildung zu vermitteln.« Aber egal ob in der Schule oder in Ausbildungen, die höchste Abbruchsquote liegt bei den 17- bis 19jährigen. »Dabei wäre für viele gerade die Erfahrung des Durchhaltens so unendlich wichtig.«

Bei den abgehauenen Kids auf der Straße ist die Zahl der Quasi-Analphabeten nicht nur recht hoch, sondern in den vergangenen Jahren zudem im Steigen begriffen, wie ich erfahre. Daran ändert auch nichts, wenn die Kinder in schulische »Maßnahmen« gesteckt werden, denn es herrscht längst das, was Fachleute »Schulmüdigkeit« nennen. Schule ist out, sie hat nichts mehr zu bieten. So haben sich auch Erfolge in Nachhilfe am ehesten dann gezeigt, wenn es sich um »Nachhilfe mit Betreuung« handelt, also erst die Schulaufgaben auf dem Programm stehen und dann ein Kinobesuch.

Überhaupt sehen meine zwei Gesprächspartnerinnen ein großes Problem in der Loslösung des Lernens von sozialer Eingebundenheit. So stehen Schulkomplexe mit 1500 Schülern einem konstanten Beziehungsaufbau extrem entgegen.

So sehr aber auch zusätzliche Möglichkeiten für Kinder geschaffen werden, *ein* Problem ist nie lösbar: Straßenkinder, die vor ihren Eltern geflohen und in Berlin abgetaucht sind, können nirgendwo unterkommen. Legales Wohnen, Schule und Ausbildung sind für sie nur erreichbar nach einer »Legalisierung«, also mit Einwilligung der Eltern, und gerade das schreckt so viele ab, sich irgendwo hinzuwenden. Wie schon bei der Frage nach geeigneten Therapiemöglichkeiten für minderjährige Drogenabhängige, die fast gleich Null sind, entsteht auch in dieser Frage eine Art »Warten auf die Volljährigkeit«.

Wieder ein Grund also, warum viele Kids abgetaucht bleiben.

Schließlich treffe ich mich mit einem Mitarbeiter von der *Kontakt- und Beratungsstelle*, der auch Bambi kennt und berät.

Ich frage ihn, ob er ihr eine Chance gibt.

»Sie ist sehr intelligent, ihre schulischen Leistungen sind recht gut, aber sie ist sehr schnell frustriert, wenn etwas nicht klappt. Im Grunde haben sie schon ihre Eltern zu einem »schwierigen« Kind *gemacht*, sie ist es eigentlich nicht, man muß nur angemessen mit ihr umgehen.«

»Wie sehen Sie selbst denn die sogenannten Straßenkinder?«

»Diese Kinder sind ein Symptom für die soziale Kälte in unserer Gesellschaft. Aber indem sie auf die Straße gehen, zeigen sie uns gerade dies und geben uns damit etwas zurück, nämlich ein Zeichen dafür, wie isoliert wir alle leben. Auch vom Leben eines Kindes ist kaum noch jemand wirklich betroffen, weder viele Eltern noch die Lehrer noch Einrichtungen der Jugendhilfe. Viele soziale Einrichtungen fühlen sich »zuständig«, mehr nicht. Diese Kinder müssen oft froh sein, wenn sich noch ein Psychologe oder Pädagoge für sie interessiert. Das ist oft alles, was ihnen an sozialer Wärme noch geblieben ist.«

In dieser Situation geht es darum, die Kinder zu stärken, sie zu akzeptieren, sie anzunehmen. Viele von ihnen werden sonst besonders durch die zunehmenden Drogen in entsprechenden Milieus zugrunde gehen. »Die wichtigste Aussage wäre: Ich helfe dir, weil du ein Jugendlicher bist«, meint mein Gegenüber. »Statt dessen müssen die Kids in politisch geförderte Programme passen, weil das in der Öffentlichkeit gerade besonders gut ankommt.«

Bei dem Zustand unserer Gesellschaft können viele Jugendliche keine hehren Zukunftsvorstellungen entwickeln. Wenn sie nicht auf Jahre vom Sozialamt leben wollen, kommt für sie bestenfalls ein fortwährendes Jobben in Frage. »Aber auch das«, sagt mein Gesprächspartner, »ist immer noch eine Chance und vermittelt oft die Erkenntnis: Aha, ich kann mich immerhin vom Jobben finanzieren.«

So ist die »Zukunftslosigkeit« der Kinder auf der Straße eine völlig angemessene Reaktion auf ihre reale Lebenssituation. Und so gesteht diese Gesellschaft schon Vierzehnjährigen keine Experimente mehr zu, der soziale Griff um den Hals wird schon für Kinder immer enger. Wer mit 14 Jahren nicht mehr in die Norm paßt, wird erbarmungslos ausgeschlossen. »Bei manchem Jugendlichen wird es mal schlicht darum gehen, ihn vor dem Verrecken zu bewahren. Auch darin sehe ich meine Aufgabe.«

Viele Jugendliche merken erst viel zu spät, daß sie mit dem Abhauen von zu Hause von einer Zukunftslosigkeit in eine andere gelaufen sind. Ben bekommt das hart zu spüren. Er ist auf der Suche nach einer Lehrstelle. Entweder als Zimmermann, lieber aber noch als Kfz-Mechaniker. Welcher Fünfzehnjährige bringt hier mehr Kompetenzen mit als er? Und doch: »Wer stellt jemanden wie mich schon ein?« fragt er sich und klingt dabei ziemlich resigniert. Trotzdem hofft er weiter.

Ein anderer Junge drückte es mal so aus: »Wer nimmt schon jemandem mit so einem Lebenslauf, wie ich ihn habe.«

Und wer gibt einem 15jährigen Mädchen eine Chance, das mit 13 Jahren von zu Hause abgehauen ist, zwei Jahre auf dem Strich angeschafft hat und gerade im harten Heroinentzug steckt - und immer mal wieder rückfällig wird?

So denken die Kids völlig angemessen immer nur bis morgen. Selbst geschnorrt wird immer nur so viel Geld, daß es bis morgen reicht. Morgen beginnt aber kein anderes Leben, morgen ist das Leben genauso wie heute. Das ist ihre ganze Sicherheit: Morgen.

Wohin führt der Weg ?

Allmählich wird es kalt. Erneut ist in einem verfallenden Haus die Leiche eines älteren Obdachlosen gefunden worden.

Ich fahre mit der U-Bahn Richtung Osten. Inzwischen empfinde ich die Temperatur und das Klima in der U-Bahn als angenehm. Vor ein paar Wochen noch war es für mich stickig, trocken, verbraucht. Auf einer Sitzbank schläft eine alte Frau. Sie trägt Halbschuhe, die an den Seiten aufgerissen sind und wo die dreckigen Strümpfe hervorschauen. Ansonsten hat sie eine lange Hose, einen Pullover und einen Anorak an. Der Anorak ist völig verdreckt und an den Bündchen zerrissen. Sie hat nichts bei sich. Sie schläft mit dem Kopf auf einen Arm gelehnt. Der andere Arm hängt von der Bank herunter. Durch die Bewegungen der Bahn verändert der hängende Arm allmählich ihren Schwerpunkt, und ich warte auf den Moment, wo sie in den Gang zu fallen droht. Als ich glaube, daß sie jetzt fällt, erwacht sie für wenige Sekunden, öffnet nur ganz kurz die Augen, ohne ihre Umwelt wirklich zu registrieren, zieht die Beine neu an, legt die Arme zurecht und schläft weiter. Wenn es hoch kommt, schafft sie es auf zehn Minuten Schlaf am Stück.

In den U- und S-Bahnen finden sich jetzt wieder häufiger Menschen, die die Wärme suchen und zum Schlafen nutzen. Meist liegen sie auf den jeweils letzten Bänken eines Wagens. Die Betreibergesellschaft weiß bei vielen von ihnen längst, daß Bußgeldverfahren wegen Schwarzfahrens aussichtslos sind. So werden sie bei Kontrollen aus dem Wagen verwiesen, um sie eine dreiviertel Stunde später auf irgendeiner anderen Linie erneut zu finden.

Den Kindern und Jugendlichen geht es anders. Bei ihnen werden die Eltern zu den entsprechenden Zahlungen herangezogen.

An den U-Bahnhöfen sammeln sich jetzt viele auch auf den Abluftgittern.

Später komme ich in der Pfarrstraße an. Vor der *Villa* bin ich mit Bambi verabredet. Sie will sich nicht mit mir in ihrer Wohnung treffen. Die beiden Hinterhoftore zur *Villa* sind weit geöffnet. Ein Kleinbus steht rückwärts vor der Einfahrt. Ich gehe in den Hof.

Ein paar Kids kommen mir entgegen, die Kartons in den Wagen tragen. Dann kommt Elli, sie hält Bettzeug fest.

»Ach, hi!«

»Hallo! Was ist los hier?«

»Ich zieh aus.«

»Was?«

»Ja.«

»Warum?«

»Hab die dritte Verwarnung gekriegt. Aber mich hat's hier schon lange genervt. Ich wollte ja eh gehen.«

»Hm«, mache ich. Ich weiß, daß sie diese Verwarnung provoziert hat. Trotzdem haben die Mitarbeiter an der Regel festgehalten: Wer dreimal verwarnt wird, muß raus.

»Soll ich was tragen helfen?«

»Nee, nicht nötig, wir haben 's schon. Ich hab ja auch keine Möbel. Ist fast schon alles im Wagen.«

Sie verschwindet wieder im Haus und kommt dann mit dem Kassettenrekorder zurück, den sie mit dem Bettzeug polstert.

»Ich zieh in die Jessnerstraße.«

»Aha.«

»In die Nähe vom *Supermolly*. Da ist noch ein ganzes Haus frei. Mit ihr zusammen.« Sie zeigt auf ein Mädchen, das gerade aus dem Haus kommt. »Als wir es uns angesehen haben, meinte ein Nachbar gleich, wir sollten bleiben, wo wir herkommen. Freundlich, wa?«

Sie warten auf den Mitarbeiter, der den Wagen fahren soll.

Jugendlicher in einem besetzten Haus: endlich eine eigene Bude

»Stell dir vor, ich muß echt Benzingeld für die Kiste hier bezahlen. Die spinnen doch, oder?«

»Wieso?«

»Ey, komm, für die paar Kilometer verlangen sie von mir Benzingeld... Ich find's echt bescheuert. Die könnten das doch echt *ohne* machen.«

Elli drückt den tiefen Widerspruch vieler der Kids aus: Auf der einen Seite ist nichts für sie schlimmer, als von den Erwachsenen abhängig zu sein; auf der anderen Seite gehen sie selbstverständlich davon aus, fast alles geschenkt zu bekommen.

»Das Haus ist echt geil. Da wohnt noch niemand. Und ganz große Räume. Mein Zimmer liegt nach hinten raus.«

Ich muß an Pipi Langstrumpf denken.

Der Mitarbeiter kommt, und die drei steigen ein. Elli kurbelt das Fenster runter und beugt sich vor: »Tschüß. Kannst ja mal vorbeischauen.«

»Ja, tschüß!«

Ihr Zimmer in der *Villa* wird nicht lange leer bleiben. Gerade wenn der Winter kommt, stehen plötzlich immer wieder neue Kids vor der Tür. »Daß es eine hohe Dunkelziffer von Kindern auf der Straße gibt«, sagte mir einmal ein Mitarbeiter, »kann man am besten zu Beginn des Winters erahnen.«

Auf dem Gehsteig warte ich noch eine halbe Stunde, aber Bambi kommt nicht. Ich gehe nach hinten zur *Villa* und schaue nach, ob Manni da ist.

In seinem Zimmer sind noch zwei Kids. Ben ist da und ein ziemlich junges Mädchen. Der Kassettenrekorder dröhnt, alle sind ziemlich ausgelassen.

Ich nehme den Rucksack ab und setze mich zu ihnen an einen kleinen Tisch. Manni hat sich grüne Tätowierfarbe gekauft und ritzt sich mit einer langen Klinge in den Unterarm. »Scheiße, der Strich ist viel zu lang, das wird nichts.« Er ritzt weiter.

Ich unterhalte mich mit Ben.

»Wie sieht 's aus mit der Schule?«

»Das mit der Schule ist geregelt, geht klar.«

»Sauber.«

»Aber ich hab gestern meinen Bescheid gekriegt. Ich muß für vier Wochen in Jugendarrest.«

»Scheiße!«

Er zuckt die Schultern. »Tja, so ist das: entweder-oder.«

»Und was wird dann mit der Schule.«

»Ist noch nicht raus. Vielleicht kriege ich für die Schule Ausgang, damit ich sie nicht für vier Wochen unterbrechen muß. Dann kann ich morgens raus, muß aber mittags sofort wieder rein. Vielleicht muß ich aber auch schon nächste Woche in den Knast. Dann würde es bis zum Beginn der Klasse noch so eben reichen, ohne daß sie mich zum Unterricht rauslassen müßten.«

Ich nicke. »Ausgerechnet jetzt.«

Er zuckt wieder mit den Schultern. Ben hat gute Vorsätze gefaßt, seit er betreut wohnt, und ist in seinen Prinzipien enorm konsequent. Aber schon mit seinen 15 Jahren holt ihn seine Vergangenheit immer wieder ein.

Das Mädchen hat sich inzwischen hinter Manni auf den Stuhl geschoben, er sitzt jetzt auf ihrem Schoß.

»Jetzt halt aber auch still.« Immer noch ritzt er herum.

»Und was ist mit dir?« frage ich ihn.

»Schule meinste?« Er schaut nicht auf.

»Ja.«

»Scheiße! Ich weiß nicht, ob ich da bleibe.« Er hört auf zu ritzen und sieht mich an. »Jede Menge Faschos laufen da rum. Außerdem haben die Türken da richtige Banden, ey. Voll verschärft. Wenn du da das Maul aufmachst, halten sie dir sofort die Klinge ans Kinn. Nee, ey, ich weiß nicht...« Er beugt sich wieder zu seiner Tätowierung herunter. »Bleib da hinten weg«, sagt er zu dem Mädchen.

Ich kann nicht sehen, was sie macht, aber plötzlich hält sie eine Knarre an Manni vorbei auf mich: »Hände hoch!«

Einen Moment lang erstarre ich. Daß die Pistole echt ist, ist nicht zu übersehen. Manni legt die Klinge weg.

»Mensch, sag mal, spinnst du? Gib das Ding her!« Er nimmt sie ihr aus der Hand und legt sie auf den Tisch neben sich. Dann erzählt er mir, daß er in den Herbstferien eine Woche mit seinen Eltern ans Meer fahren will. »Ja, ich kann's mir inzwischen vorstellen. Mal sehen. Ich versuch's mal.«

Ein Jugendlicher kommt herein, den ich für schon etwas älter halte. Er sieht die Knarre auf dem Tisch liegen und blafft Manni an: »Hey, Alter, spinnst du, das Ding hier so offen rumliegen zu lassen. Gib die jetzt mal wieder her.«

»Ach, *sie hier* hat sie mir gerade hinten aus der Hose gezogen.«

Der Jugendliche steckt die Pistole in die Innentasche seiner Jacke.

»Halt still, hab ich gesagt«, blafft Manni das Mädchen an.

»Manni, du hast mir versprochen, daß du es mir auch noch machst«, sagt das Mädchen.

»Dir mach ich's auch noch, klar...«

Sie stößt ihn in die Seite. »Ach«, sagt sie aufgesetzt, »sollte ich deshalb das Nachthemd mitbringen?«

»Bingo, Volltreffer«, kommentiert Ben.

Über Bambi erfahre ich noch, daß sie bei einer Drogeneinrichtung in Hamburg war, weil sie dort eventuell einen Therapieplatz haben könnte. Inzwischen ist sie zurück. Es hat ihr dort gut gefallen, aber sie wird trotzdem nicht hingehen. Sie will nicht aus Berlin weg. Die Schule hat sie bisher durchgehalten.

Ich verabschiede mich und gehe weiter. In der *108* ist inzwischen eine große Plastikplane vor das große, offene Fenster gespannt. Einige Tage später werden sie eine Holztür vor das Fenster nageln. Von drinnen dröhnt es.

Ich kehre um und gehe Richtung Boxhagener Straße. Am Ostkreuz biege ich rechts ab. Zuerst will ich ins *Supermolly*. Vielleicht treffe ich Elli noch mal oder sogar Bambi.

Als ich ankomme, ist es sehr voll. Ich schiebe mich vor in den zweiten Raum, sehe zwar ein paar bekannte Gesichter, aber nicht die, die ich suche. Ich drehe wieder um und gehe zurück zum Eingang. Links in der Ecke sitzt der junge Mann, mit dem ich im *Filmriß* länger gesprochen hatte und der mir seinen Namen nicht sagen wollte. Er ist allein und völlig betrunken. Ich nicke ihm zu, aber er reagiert nicht, erkennt mich nicht.

Ich gehe weiter zum *S.E.K.* Mitten auf der Kreuzung liegen die Scherben einer Bierflasche, die offenbar voll war. Vor der Tür sitzen trotz der Kälte drei Jugendliche. Drinnen hole ich mir ein Bier und setze mich an einen Tisch. Ich kenne niemanden. Erst nach einiger Zeit sehe ich am Tresen Joiny zwischen einigen Erwachsenen stehen, die sie verdeckt hatten. Auch sie sieht mich jetzt, und wir begrüßen uns durch ein Handzeichen. Sie lächelt. Da die Musik sehr laut ist, scheint sie zu dem Gespräch um sie rum keinen Kontakt zu bekommen. Die Wortwechsel laufen eine Kopfhöhe über ihr ab. Nur gelegentlich beugt sich jemand leicht zu ihr hinunter.

Dann dreht sich die ganze Gruppe um und geht an einen großen Tisch. Joiny kommt an mir vorbei.

»Wir setzen uns jetzt da an den Tisch«, sagt sie, und ich verstehe das als Einladung.

Ich nehme meinen Stuhl mit und stelle ihn neben ihren. Zunächst drehen sich die Gespräche um Insider-Themen, die ich nicht verstehe. Ich höre nur zu. Joiny scheint mir irgendwie verschlossen. Gerne würde ich mit ihr ins Gespräch kommen, bin aber unsicher. Sie macht einen unzufriedenen Eindruck.

»Hat einer was da?« fragt sie in die Runde.
Alle schütteln den Kopf.

»Ich habe nicht mal mehr Tabak«, sage ich.

Dann zieht doch einer ein kleines Päckchen aus Alupapier heraus und wirft es ihr hin.

Sie strahlt und öffnet es. »Das ist ja Gras«, meint sie dann, offenbar ein bißchen enttäuscht. Sie baut »einen«. Wir rauchen.

Schließlich fällt mir doch eine dumme Frage ein, um mit ihr ins Gespräch zu kommen. »Wo ist Frosch?«

Sie zuckt die Schultern. »Weg.«

»Wie?«

»Weg.«

»Wie? Wohin?«

»Weiß nicht.«

»Wie, sie ist einfach so weg?«

»Ja.«

»Und du weißt nicht, wo sie ist?«

»Nee.«

»Sie ist einfach abgehauen, ohne dir was zu sagen?«

»Ja, verdammt.«

»Und du hast keine Ahnung, wohin?«

»Nee. - Ich bin stinksauer auf sie.«

»Zu den Eltern?«

»Glaub ich nicht.«

»Wohin dann?«

»Keine Ahnung.«

»Das gibt's doch nicht. Die verschwindet einfach so?«

Sie nickt leicht.

»Kann ich mir nicht vorstellen.«

»Ist aber so.«

Ich bin ziemlich überrascht. Ausgerechnet Frosch, die noch vor kurzer Zeit nie, nie aus dem Haus ausziehen wollte, das sie mal verteidigt hat. Und Frosch, die 80 Prozent ihrer Zeit mit Joiny verbracht hat, haut ab, ohne ihr auch nur irgend etwas zu sagen.

Joiny ist sauer und traurig zugleich, obwohl sie versucht, cool zu bleiben.

Ich frage nach der Schule.

Es läuft. Sie bleibt dran, geht weiter regelmäßig hin, und es macht mir ganz den Eindruck, als würde sie durchhalten. Den fehlenden Schlaf nachts holt sie immer noch nachmittags nach. Mit den anderen Kids in der Klasse hat sie wenig zu tun. Ihre vorherige Klasse gefiel ihr besser. Nur zu einem Mädchen hat sie engeren Kontakt. Zu den anderen findet sie keinen Zugang, ihre Erfahrungsunterschiede sind offenbar zu groß.

Sie verfällt wieder in Schweigen und zappelt statt dessen die ganze Zeit mit den Beinen unter dem Tisch. Dann beginnt sie, ein Stück Papier in kleine Fitzel zu zerreißen. Wenn sie mal etwas zu jemandem am Tisch sagt, beschränkt sich das meist auf einen knappen Satz oder eine kurze Antwort.

Die Stimmung am Tisch ist öde, eigentlich langweilen sich alle. Mal wird rumgealbert, mal politisiert. Haschisch oder Faschos sind das Thema.

Ich entschließe mich, aufzubrechen, denn ich will noch zum Zoo. Mit der U 5 fahre ich zum Alex und gehe eine Runde, bevor ich weiterfahre. Vor dem *Kaufhof* sitzen ein paar betrunkene Kids, der Kleine von damals ist nicht dabei. Ich bin sicher, daß es Flips war. Gerne hätte ich ihn irgendwo aufgetrieben, kennengelernt, befragt. Aber nie habe ich ihn im richtigen Augenblick erwischt.

Mit der S-Bahn fahre ich durch bis zum Zoo. Als ich von den Gleisen herunter komme, sehe ich eine junge Frau, die die Passanten anbettelt. Sie trägt einen künstlichen braunen Pelzmantel, eine Jeans und französische Stoffschuhe ohne richtige Sohle, die sie hinten eingetreten hat. Sie schlurft mit den Füßen über den Boden, spricht sehr leise, so daß die Leute Mühe haben, sie in all dem Lärm zu verstehen. Mit dem rechten Arm hält sie den linken vor den Bauch.

Ich stelle mich näher zu ihr, erst dann sehe ich, was los ist mit ihr. Am linken Unterarm hat sie eine offene, kreisrunde Wunde, die doppelt so groß ist wie ein 5-Mark-Stück und ungefähr einen Zentimeter tief. Der Rand eitert, ansonsten ist die Wunde rohes Fleisch, das sie immer wieder mit dem Ärmel zudeckt und nur zum Betteln vorzeigt.

Sie spricht weinend eine ältere Frau an, ob sie nicht etwas Geld für sie habe. Die Frau beugt sich ihr zu, aber in dem Augenblick zieht die andere den Ärmel zurück, und die Frau macht sofort einen Schritt nach hinten. Sie ekelt sich wohl, trotzdem bleibt sie bei ihr stehen, und sie reden eine Weile.

Täglich sind es neue Gesichter, die man hier am Bahnhof sehen kann. Hier trifft sich das Elend in immer neuen Ausprägungen. Armut, Einsamkeit und der auch in unserer Gesellschaft immer härter werdende Kampf um die nackte Existenz treiben immer mehr und immer jüngere Menschen in die Verelendung. Wer sich lange Zeit damit tröstete, es handele sich ohnehin »nur« um »asoziale Kreise«, muß heute erkennen, wie immer mehr Minderjährige aus der etablierten Mittelschicht an der Art unseres Zusammenlebens scheitern. Schon jetzt sind Hunderttausende von Minderjährigen in unserem Land von Sozialhilfe abhängig, ebenso ein Großteil der jungen Erwachsenen zwischen 18 und 25 Jahre, denen der Einstieg in den Beruf nicht gelingt. Die Wohlstandsgesellschaft entläßt ihre Kinder.

Am Breitscheidplatz treffe ich auf Tina und Chris. Chris hat sich entschlossen, noch einmal zurück zu ihren Eltern zu fahren, um sich alle Papiere zu holen, die sie in Berlin braucht. Gleichzeitig hat sie ihren Eltern gesagt, sie sei in Regensburg. Zweimal hat sie jetzt mit ihnen telefoniert. Sie hat, so meint sie, ihren Eltern klar gemacht, daß sie sie doch nicht halten können, auch falls sie sie einsperren würden, wenn sie nun kurzzeitig zurückkäme. Das hätten sie nun eingesehen, deshalb fährt sie hin. Sie fühlt sich sicher, daß sie sie wieder gehen lassen. »Sie wissen, daß es keinen Sinn hat«, sagt sie, und das klingt sehr entschieden. Jedenfalls will sie mit Tina in Berlin bleiben, und das, obwohl sie immer noch ohne Unterschlupf sind. Angeblich läuft auch eine Anzeige wegen Einbruchs gegen sie beide, die der Jugendliche erstattet hat, bei dem sie anfangs geschlafen haben.

Etwas entfernt von uns sitzt Said, der mit ein paar Jugendlichen albert. Nur ein einziges Mal sehe ich ihn auf jemanden zugehen und sich anschließend in die Hand spucken.

Daß Tina und Chris anschaffen gehen werden, glaube ich weniger. Sie dürften eher zu den rabiateren Formen auf dem Strich tendieren, vor allem, wenn sie gemeinsam auftreten. Und im kommenden Frühjahr schon werden sie zu denen gehören, die die Neuankömmlinge mit den harten Regeln der Szene am Zoo vertraut machen. Tina ist inzwischen mit dem Mädchen, das sie verprügelt hat, »dick befreundet«.

Die beiden haben noch etwas vor, und so trennen wir uns. Noch lange sitze ich hier auf dem Platz, unterbrochen von kleinen Runden, die ich drehe, weil mir kalt ist. So vergehen Stunden. Es ist inzwischen weit nach Mitternacht.

Später gehe ich die Tauentzienstraße hinunter. Der blonde, hinkende Junge kommt mir entgegen, wieder hält er jedem seinen Plastikbecher hin. Doch es sind nicht mehr viele Menschen unterwegs.

In der Bülowstraße sehe ich die ersten Prostituierten. Sie tragen unter ihren Tangas im Licht schimmernde Strumpfhosen und Pelzjacken über ihre nach wie vor knappen Oberteile. Sie stampfen mit den Füßen auf den Boden.

Unter der S-Bahn-Führung haben sich vier junge Männer zwischen Straßenbaugeräten und -materialien eingerichtet. Sie haben sich ein kleines Feuer gemacht und wärmen sich die Hände.

Ich biege in die Frobenstraße ab. Junge Mädchen sehe ich jetzt nicht. In der Kurfürstenstraße an der beleuchteten Trep-

pe sitzen zwei Männer und unterhalten sich. Ich stehe ein bißchen herum, gehe dann aber weiter, Richtung S-Bahnhof
Yorckstraße.

Es ist inzwischen 3 Uhr 30. Die U-Bahn-Gänge sind um
diese Zeit verschlossen, so setze ich mich auf die Treppe, die
zu den Gleisen der S-Bahn hinaufführt. Ich setze mich auf
meinen Schlafsack, um die Kälte des Bodens nicht zu spüren,
und lehne den Kopf an die Wand. So döse ich vor mich hin.
Von oben zieht es kalt.

Dann kommen die ersten Leute an mir vorbei, die zu den
Gleisen hinauf gehen, um auf die erste Bahn des Morgens zu
warten. Es wird hell. Als die Bahn ankommt, gehen kurz dar-
auf zwei Personen die Treppe hinunter. Ihre Schritte hallen.
Ich warte noch eine Weile, bis ich sicher bin, daß nun die U-
Bahn-Eingänge wieder geöffnet sind, und stehe auf. Unter der
Erde ist es wärmer.

Schwierige Kindheiten

Uwe Britten gibt in Zusammenarbeit mit der Journalistin Eva Schlittenbauer im PALETTE verlag die Reihe »Wortmeldung« heraus. Die Bände enthalten längere Gespräche mit bekannten Personen und orientieren sich an den jeweiligen Biographien.

In der Kindheit Peter-Jürgen Boocks fallen die bewegten Zeiten nach 1967 mit den eigenen Erfahrungen in einem Kinderheim zusammen. Seine »Befreiung« aus einer geschlossenen Einrichtung führt ihn Ende der 60er Jahre mit denen zusammen, die schließlich den Kern der RAF ausmachen: Gudrun Ensslin und Andreas Baader. Die intensivsten Stellen im Gespräch sind entsprechend die, in denen P.-J. Boock aus seiner RAF-Zeit erzählt. Inzwischen lebt er nach 13 Jahren Haft im »offenen« Vollzug und studiert.

Peter- Jürgen Boock
»Mit dem Rücken zur Wand…« Ein Gespräch über die RAF, den Knast und die Gesellschaft
ISBN 3-928062-10-7

Luise F. Pusch
»Ladies first« Ein Gespräch über Feminismus, Sprache und Sexualität
ISBN 3-928062-07-7

Einsamkeit prägt die Kindheit von Luise F. Pusch. Nicht nur in ihrer armen Familie bleibt sie eine Außenseiterin, sondern auch in der Schule. Dennoch schafft sie schließlich nach einer erfolgreichen Schulzeit auch ein glänzendes Studium. Nach ihren ersten feministischen Forschungen zum »Deutsch als Männersprache« allerdings wird sie aus der beginnenden Universitätskarriere hinausgedrängt. Es folgen harte Jahre. Heute lebt sie als freie Publizistin.

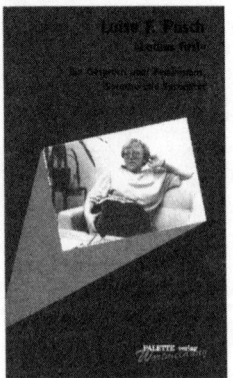

PALETTE verlag

Der Junge Walter Schiffels.wächst in die Vorstellung hinein, lieber als Frau leben zu wollen Er leidet darunter, nicht dem Wunschgeschlecht anzugehören. Der Bruch zwischen dem Fühlen und dem Sein wächst, daran ändert auch eine Heirat nichts. Es beginnt ein aufreibendes Doppelleben. Schließlich läßt sich die schizophrene Lage nicht mehr aufrecht erhalten. Walter entschließt sich zu einer geschlechtsverändernden Operation und wird Waltraud.

Napoleon Seyfarth
»Schwein oder Nicht-Schwein« Fragen und Antworten zum Leben
ISBN 3-928062-09-3

Waltraud Schiffels
»Ich bin zwei« Ein Gespräch über Literatur und das Leben zwischen den Geschlechtern
ISBN 3-928062-07-7

Weder Mann noch Frau will der kleine Hans Seyfarth sein, für ihn liegt die Lösung der engen Rollenvorgaben für beide Geschlechter darin, Papst zu werden. Die Eltern sind ihm keine Vorbilder: Die Mutter bringt sich in der Psychiatrie um, der Vater ist Zuhälter. Trotzdem wird Seyfarth nicht Papst, sondern ein Aktivist der Schwulenbewegung. Nach seiner HIV-Infizierung entschließt er sich zu einem offenen Umgang mit der Krankheit und kann heute von sich behaupten, viel für einen toleranteren Umgang mit AIDS und HIV getan zu haben.

Alle Bände der Reihe »Wortmeldung« umfassen 128 Seiten, enthalten Fotos und kosten 20 DM; 21,50 SFr; 156 ÖS.

PALETTE verlag

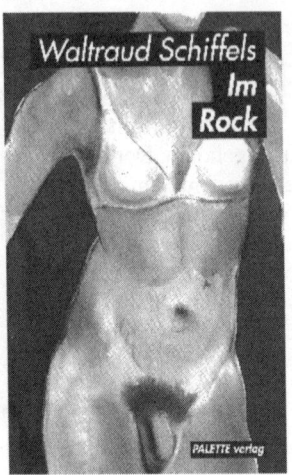

Transsexualität

In der Erzählung »Im Rock« beschreibt Waltraud Schiffels einen Abend im Leben eines Transvestiten. Die Neueröffnung eines »Clubs« gibt ihm die Hoffnung, endlich auch als Frau leben zu dürfen.

»Das ist Ihr Busen. Sie können das Schaumgummi in eine Art Tasche an der Innenseite der Körbchen stecken - dann kann nichts verrutschen, und die Form sieht echt aus. Wenn's mal verschwitzt ist: kalt von Hand waschen.«

Doch auch der Abend im »Club« verläuft anders als erhofft.

Waltraud Schiffels
Im Rock
148 Seiten • 24 DM; 25,50 SFr; 188 ÖS • ISBN 3-928062-01-8

PALETTE verlag

Psychose

Susanne Dammann erzählt in ihrem Buch von ihrem »Wahnsinns-Leben«, von ihrer Furcht vor Menschen, von ihren auch für sie oft undurchdringlichen Gefühlen.

»Ich bilde mir ab und zu sogar ein, in jemanden verliebt zu sein. Ich weiß zwar, was los ist, aber ich brauche schöne Gedanken, wenn ich arbeite. Ich sage mir auch z.B.: Am Wochenende fahre ich nach München. Da freue ich mich dann darauf und freue mich nochmal, wenn ich nicht fahre, sondern im Bett liegen bleibe.«

Da Susanne Dammann nicht nur schreibt, sondern auch malt, sind achtzehn farbige Bilder in den großformatigen Band aufgenommen.

Susanne Dammann
Und ich verstecke mich trotzdem
128 Seiten • 44 DM; 45,50 SFr; 344 ÖS • ISBN 3-928062-02-6

PALETTE verlag

Oliver Schmidthals (Hg.)
die grauen kommen
Chancen eines anderen Alters

PALETTE verlag

Älter werden

Das Buch ist ein Plädoyer für ein neues Verständnis vom letzten
Lebensdrittel und will zeigen, daß viele Ängste vor dem Alter un-
begründet sind.
Zum einen wird eine kritische Prüfung der Altenpolitik zu den The-
men Renten, Heimunterbringung und Wohlfahrtsverbände unternommen. Zum anderen wird aufgezeigt, daß Wohnen, Freizeit,
Sexualität und vieles andere auch im Alter noch viele Chancen
bieten. Alles, was dazu gehört, ist Mut.

Oliver Schmidthals (Hg.)
die grauen kommen
Chancen eines anderen Alters
248 Seiten • 26 DM; 27,50 SFr; 203 ÖS • ISBN 3-928062-00-X

PALETTE verlag

Aufbruch 1990

Der Zusammenbruch der DDR war für viele mit großen Hoffnun-
gen verbunden. So sehr aber auch mit der Vereinigung neue Frei-
räume entstanden, so wurden doch viele demokratische Wünsche
und Bestrebungen im Keim erstickt. Dieses Lesebuch hält den Aufbruch im Warteland DDR zu einem historischen Zeitpunkt fest. Die
sehr unterschiedlichen Beiträge leben von der Spannung zwischen
Erwartungen und Befürchtungen. Das Buch erinnert an vieles, was
schon wieder vergessen zu werden droht.

Michael Hofmann (Hg.)
Aufbruch im Warteland
Ostdeutsche soziale Bewegungen im Wandel
192 Seiten • 26 DM; 27,50 SFr; 203 ÖS • ISBN 3-928062-04-2

PALETTE verlag

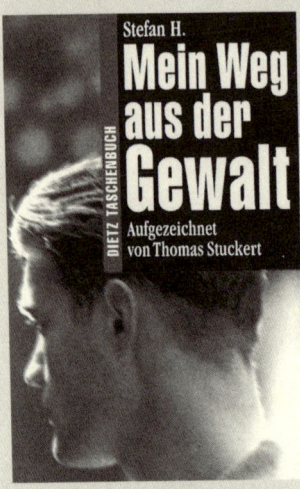

Streß zu Hause?

Hol Dir Hilfe:

01308-11103

Kostenloser Anruf beim Kinder- und Jugendtelefon von
überall in Deutschland

montags bis freitags, 15-19 Uhr

11.10.95 - 27.50